Ralf-Michael Zapp (Hg.)

Systematische Personalauswahl

und ihre rechtlichen Rahmenbedingungen

Martin Meidenbauer »

Die Deutsche Bibliothek verzeichnet diese Publikation in der Deutschen Nationalbibliografie; detaillierte bibliografische Daten sind im Internet über http://dnb.ddb.de abrufbar.

Printed in Germany

Gedruckt auf
chlorfrei gebleichtem, säurefreiem und alterungsbeständigem Papier (ISO 9706)

ISBN 3-89975-059-4

Verlagsverzeichnis schickt gern:
Martin Meidenbauer Verlagsbuchhandlung
Erhardtstr. 8
D-80469 München

www.m-verlag.net

Inhaltsverzeichnis

1 EINFÜHRUNG 10

2 QUANTITATIVE UND QUALITATIVE PERSONALPLANUNG 14

2.1 Vorgehensweise und Prozess der Personalplanung 14

2.2 QuantitativePersonalbedarfsplanung 21

2.3 Qualitative Personalbedarfsplanung - Die Arbeitsanalyse 24

2.3.1 Führungskräftebefragung 27
2.3.2 Interviews nach der Methode der kritischen Ereignisse 28
2.3.3 Stellentagebücher 30
2.3.4 Weitere Informationsquellen 30

3 ERMITTLUNG DER PERSONALANFORDERUNGEN 32

3.1 Einflussfaktoren 32

3.2 Ermittlung der Anforderungen 35

3.3 Kompetenzen der Bewerber (Kompetenzmodell) 42

4 PERSONALBESCHAFFUNGSWEGE 48

4.1 Ansprache geeigneter Kandidaten 48

4.2 Externe Personalbeschaffungswege 49

4.2.1 Personalbeschaffung über Personalberater 49
4.2.2 Stellenanzeigen 55
4.2.3 Personalbeschaffung über Internet 56

5 PERSONALAUSWAHLMÖGLICHKEITEN UND VERFAHREN 58

5.1 Formale Aspekte aus Sicht des Unternehmens 58

5.2 Formale Aspekte aus Sicht des Bewerbers 59

6 DIE WICHTIGSTEN AUSWAHLVERFAHREN 61

6.1 Der Personalfragebogen 63

6.2 Der Klassiker – Das Bewerberinterview 63

6.2.1 Interviewtechniken 63
6.2.1.1 Das freie Interview 64
6.2.1.2 Das Stressinterview 64

6.2.1.3 Das standardisierte Interview 65
6.2.1.4 Das multimodale Interview 65
6.2.2 Fragetechniken 65
6.2.2.1 Allgemeine Hinweise zur Fragetechnik 65
6.2.2.2 Fragentypologien 67
6.2.2.3 Fragenreihenfolge 68
6.2.2.4 Klassischer Ablauf eines Vorstellungsgespräches 69

6.3 Übersicht der gängigsten Auswahlverfahren 70

6.4 Testverfahren 71

6.4.1 Intelligenzstrukturtest 70 (IST 70) 71
6.4.2 Der Wilde Intelligenz-Test (WIT) 72
6.4.3 Persönlichkeitstests 73
6.4.4 Der 16 Persönlichkeitsfaktoren-Fragebogen (16 PF) 73
6.4.5 Das Freiburger Persönlichkeitsinventar (FPI) 74
6.4.6 Der Rosenzweig Picture-Frustration-Test (PFT) 74

6.5 Biographische Analysen 75

6.6 Assessment-Center 77

6.6.1 Die Zielsetzungen des Assessment-Centers 77
6.6.2 Vorteile und Grenzen des Assessment-Centers 79

6.7 Webbasierte Assessments und Instrumente zur Eignungsdiagnose 83

6.7.1 Profiling Assessments 86
6.7.2 Profiles Performance Indicator 91
6.7.3 Team Management System (TMS) 93

6.8 Multimodales Interview 97

6.9 Graphologisches Gutachten - Schriftpsychologie 101

6.10 Video oder DVD - Analyse 102

7 FEHLER BEI DER WAHRNEHMUNG 104

8 ABSCHLUSS DES ARBEITSVERTRAGES 109

9 DAS BETRIEBSVERFASSUNGSGESETZ UND DAS TARIFRECHT 112

9.1 Das Tarifrecht 112

9.2 Das Betriebsverfassungsrecht 115

9.3 Administration bestehender Arbeitsverhältnisse 118

9.3.1 Beurteilungen 119
9.3.2 Veränderungen des Arbeitsverhältnisses 120

9.4 Planung von Personalbedarf und Personalauswahl aus rechtlicher Sicht 121

9.4.1 Einstellung von Mitarbeitern 121
9.4.2 Regelung des Arbeitsverhältnisses 126
9.4.3 Besonderheiten bei Ausbildungsverhältnissen 135
9.4.4 Befristete Arbeitsverhältnisse 136

10 ABKÜRZUNGSVERZEICHNIS 141

11 ABBILDUNGSVERZEICHNIS 142

12 LITERATUR 144

13 AUTOREN 147

Geleitwort H. Dr. Peter Speck

Wirtschaft und Gesellschaft befinden sich zu Beginn des 21. Jahrhunderts in einem fundamentalen Wandel. Die Globalisierung der Märkte und die mit der digitalen Revolution verbundenen technologischen Fortschritte leiteten schon vor mehr als zwanzig Jahren den Übergang vom industriellen Zeitalter zur Wissensgesellschaft ein. Dieser Wandel von der vergangenen Industrie- über die gegenwärtige Dienstleistungs- in eine künftige Wissensgesellschaft verläuft vor dem Hintergrund einer dramatisch beschleunigten Globalisierung von Produktionsprozessen. Mobilität, Innovationspotenzial, Veränderungsbereitschaft und Flexibilität werden zu den zentralen Voraussetzungen für den Erfolg, ja für die Überlebensfähigkeit von Unternehmen einerseits sowie deren Belegschaften andererseits in den kommenden Jahren und Jahrzehnten.

Nichts belegt den globalen Wandel der Wirtschaft eindringlicher als die hohen Arbeitslosenquoten, mit denen gerade die Kernstaaten der ehemaligen Hochindustrialisierung heute zu kämpfen haben. Die Verlagerung von Produktionsstätten in Länder mit niedrigeren Lohn(neben)kosten sind nur eine Seite der Medaille. Auf der anderen Seite zeigt unser derzeit größtes sozialstaatliches Problem auch den Mangel an Arbeitskräften, die einem aktuell geforderten Anforderungsprofil entsprechen. Hoch qualifizierte, flexible und möglichst selbständige „Netzwerker“ werden in Deutschland und Europa derzeit und wohl auch in naher Zukunft oft vergebens gesucht. Gleichzeitig muss im gleichen Raum eine demographische Entwicklung konstatiert werden, die den dargelegten Trend sogar noch verschärfen wird. Die Überalterung der (deutschen) Gesellschaft durch steigende Lebenserwartung bei ebenso drastisch zurückgehenden Geburtenraten ist nicht nur ein massives Problem für die Renten- und Versicherungskassen. In nur wenigen Jahren wird sie auch zu einem schwer überwindbaren Engpass bei der Versorgung des Arbeitsmarktes mit qualifizierten Mitarbeitern sowie mit gut ausgebildetem Nachwuchs.

Die Veränderungen in Wirtschaft und Gesellschaft müssen von den Unternehmen in ihrer zukunftsorientierten strategischen Planung berücksichtigt werden. Entwicklung und Umsetzung einer erfolgreichen Unternehmensstrategie sichert die zukünftige Position am Markt und damit letztendlich das Überleben des Unternehmens. Daraus leitet sich für eine entsprechende Unternehmens- und Personalmanagementstrategie die zwingende Notwendigkeit einer quantitativen und qualitativen Personalplanung ab.

Die Personalmanagementstrategie erfährt sowohl Einflüsse aus dem eigenen Unternehmen, als auch Einflüsse und Veränderungen von außen, wie bspw. rechtliche und tarifrechtliche Rahmenbedingungen oder demographische Veränderungen. Die internen Einflüsse auf das strategische Personalmanagement ergeben sich z.B. durch die vorhandenen Strukturen aber auch durch Einstellungen und Werte der Menschen im Unternehmen. Eine Rolle kann die Altersstruktur der Belegschaft spielen. Ebenso hat die Qualifikationsstruktur der Mitarbeiter hinsichtlich zukünftiger Herausforderungen einen Einfluss wie auch die Einstellung und Bereitschaft zum Lernen jedes Einzelnen. Immer bedeutender wird insgesamt die Bereitschaft und die Fähigkeit zu Veränderungen. Aber auch die Strukturen unabhängig vom Mitarbeiter sind zu beachten, wie z.B. vorhandene Informations- und

Kommunikationstechnologie oder Ansätze zum Wissensmanagement im Unternehmen.

Das vorliegende Buch hat sich diesem Thema der Personalplanung, Personalbeschaffung und des Personalauswahlprozesses praxisorientiert gewidmet und gibt den Betroffenen wichtige Hinweise für diesen wichtigen Personalmanagementprozess.

Dr. Peter Speck Esslingen, im Oktober 2005

Leiter Human Resources Festo AG & Co. KG, Esslingen;
Geschäftsführer Festo Lernzentrum Saar GmbH, St. Ingbert-Rohrbach

1 Einführung

Im Buch der Richter des Alten Testaments wird folgende Episode berichtet: Als Gideon mit seinem Heer gegen Midian ziehen wollte, empfahl ihm Gott, sein 32.000 Mann starkes Heer zu verkleinern. Zuerst sollte jeder aus dem Heer ausscheiden, der sich fürchtet und Angst hat. 22.000 verließen daraufhin die Truppe, lediglich 10.000 blieben bei Gideon. Doch waren dies immer noch zu viele. So führte Gideon im Auftrag Gottes diese ans Wasser. „Stell alle, die das Wasser mit der Zunge auflecken, wie es ein Hund tut, auf einen besonderen Platz, und ebenso alle, die sich zum Trinken hinknien!" Nur 300 leckten das Wasser mit der Zunge, während sich 9.700 hinknieten. Mit jenen 300 Mann zog Gideon gegen Midian in die Schlacht und siegte. (Bibel)

Dieser Form der Personalauswahl gibt zwar der Erfolg recht, doch ist der Zusammenhang zwischen Ursache und Wirkung kaum einleuchtend. Von den angewendeten Kriterien „Angstfreiheit" und „Trinken wie ein Hund" zur Auswahl der besten Krieger erscheint zumindest das zweite unverständlich. Für die Personalauswahl, insbesondere unter dem Aspekt der Ganzheitlichkeit, werden heute zu Recht andere Methoden erwartet. Zwar geht es bei Personalentscheidungen nicht um Leben und Tod, so sind doch von ihnen ökonomische und humane Wirkungen auf Unternehmen und Menschen zu erwarten, die die Aufgabe der Personalauswahl zu einem der wichtigsten Teilgebiete des Personalmanagements und zu einer der zentralen Führungsaufgaben macht.

Verdeutlichen Sie sich die Konsequenzen mangelhafter Auswahl:

Die Einstellung eines qualifizierten Hochschulabsolventen verursacht bereits im ersten Jahr Kosten von mehr als € 50.000 direkt zurechenbarer Kosten. Die unzureichende Eignung wird oft erst nach mehreren Monaten oder gar Jahren offenkundig. Bis dahin sind einschließlich der kaum quantifizierbaren Kosten der Fehlentscheide der betreffenden Person hohe Aufwendungen entstanden. Erneute Rekrutierungskosten kommen hinzu.

Einmal eingestelltes Personal kann bei mangelnder Eignung nur mit großen Schwierigkeiten wieder freigesetzt werden. So setzt das Kündigungsschutzrecht strenge Maßstäbe an die Freisetzung von Mitarbeitern nach der Probezeit.

Unzureichende Eignung lässt sich vielfach über längere Zeit hinweg verbergen - zumal wenn man ggf. von kompetenten Mitarbeitern gestützt wird.

Die erst nach der Einstellungsentscheidung erkennbare Unfähigkeit eines Mitarbeiters, im zwischenmenschlichen Bereich positive Beziehungen herzustellen, beeinflusst das Wohlbefinden und damit die Leistungsbereitschaft derjenigen, die auf persönliche Kontakte mit ihm angewiesen sind.

Mitarbeiter mit hohen Qualifikationsdefiziten, insbesondere im Persönlichkeitsbereich, verursachen einen hohen Führungsaufwand. Der Vorgesetzte muss ihnen weit mehr Aufmerksamkeit schenken als den „guten" Mitarbeitern.

Personalauswahl befasst sich mit **Fähigkeits-, Einstellungs- und Verhaltensprognosen**. Überprüft werden muss, in welchem Umfang eine Passung zwischen den Anforderungen der vakanten Stelle und den persönlichen Skills (Kenntnisse, Erfahrungen), den persönlichen Grundeinstellungen und Werten (passen diese zur Unternehmenskultur: Company Fit) und den für die Position erforderlichen Verhaltenspräferenzen, persönliche Interessen und Lernfähigkeit (Job Match, siehe Abb. 1) besteht. Je größer der Job Match, also die Übereinstimmung zwischen Positionsanforderungen und den Fähigkeiten, Einstellungen und Verhaltenspräferenzen des Kandidaten, desto höher ist die Wahrscheinlichkeit eine in der Position sehr erfolgreich agierende Person gefunden zu haben.

„Nicht die Erfahrung oder der Universitätsabschluss oder andere formale Faktoren zählen im Hinblick auf den Erfolg in der neuen Position, ... sondern die passende Stellenbesetzung." (Greenberg, Harvard Business Review, Vol. 58, No. 5.)

Auf die Position passende Mitarbeiter:

- kommen mit den mentalen Anforderungen ihrer Stelle zurecht
- fühlen sich wohl mit den Anforderungen ihrer Umgebung und den Menschen, mit denen sie arbeiten
- haben Spaß an der Arbeit, sind motiviert und erfolgreich
- bleiben länger auf der Position und sparen damit weitere Rekrutierungskosten

Abb. 1: Der Auswahlprozess sollte durch drei Analysen und Bewertungen bestimmt werden

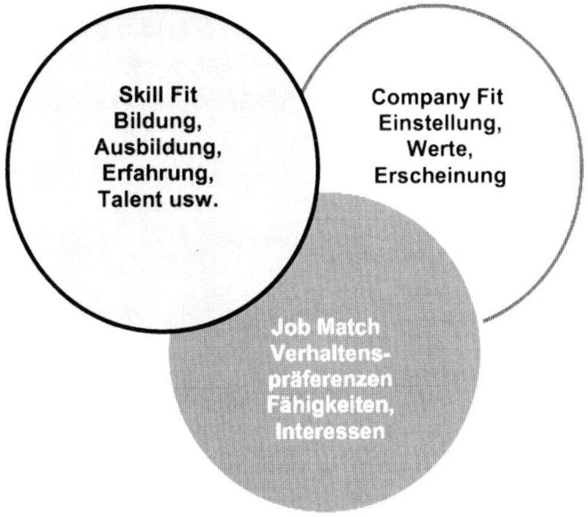

„...um zur Position und dem Unternehmen passende Mitarbeiter zu erkennen!"

Quelle: Dr. Thienel Consulting; Zapp & Partner Management Consulting

Die Prognose zukünftigen Verhaltens aus einem ein- bis zweistündigen Interview heraus ist mit großen Unsicherheiten behaftet. Man versucht, aus der Momentaufnahme des Auswahlprozesses Aufschlüsse über den Ablauf eines längeren Stückes des Lebensfilms zu gewinnen. Ratsamer ist es, umfassendere Informationen einzuholen (siehe Abb. 2). Dabei werden auch zunehmend wissenschaftlich fundierte Tests und Assessments eingesetzt, die psychometrische Gütekriterien erfüllen, um Einstellungen, Persönlichkeitsmerkmale und persönlichkeitsbedingte Verhaltenspräferenzen valide zu ermitteln.

Abb. 2: Je mehr relevante Informationen, desto besser, um die passende Person zur Position zu finden

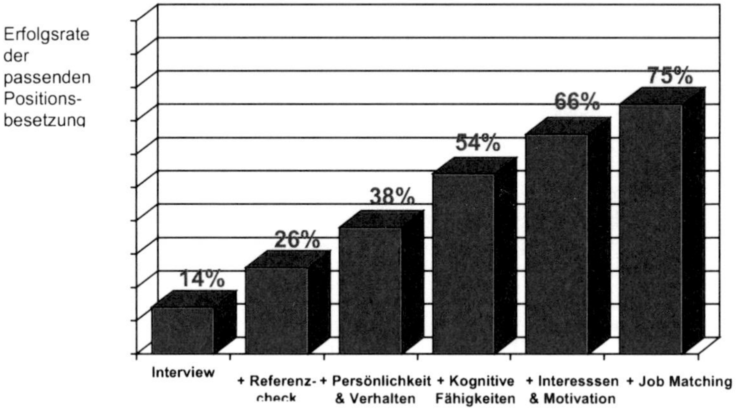

Quelle: Dr. Thienel Consulting und Zapp & Partner Management Consulting

Darüber hinaus erhöht sich durch das systematische, fundierte Vorgehen die Wahrscheinlichkeit, für die zu besetzende Position überdurchschnittliche Mitarbeiter zu identifizieren. Überdurchschnittliche Kandidaten mit einem hohen Job Match leisten deutlich mehr als andere Personen (siehe Abb. 3).

Abb. 3: Warum ist es wichtig überdurchschnittliche Mitarbeiter auszuwählen?

Ungelernte / Angelernte
•'Durchschnittliche' leisten 19% mehr als 'Unterdurchschnittliche'
•'Erstklassige' leisten 19% mehr als 'Durchschnittliche'
•'Erstklassige' leisten 38% mehr als 'Unterdurchschnittliche'

Ausgebildete
•'Durchschnittliche' leisten 32% mehr als 'Unterdurchschnittliche'
•'Erstklassige' leisten 32% mehr als 'Durchschnittliche'
•'Erstklassige' leisten 64% mehr als 'Unterdurchschnittliche'

•Führungskräfte / Spezialisten
•'Durchschnittliche' leisten 48% mehr als 'Unterdurchschnittliche'
•'Erstklassige' leisten 48% mehr als 'Durchschnittliche'
•'Erstklassige' leisten 96% mehr als 'Unterdurchschnittliche'

- Source: "The validity and utility of selection methods in personnel psychology: Practical and theoretical implications of 85 years of research findings" Psychological Bulletin, Sept 1998, Vol. 124, No. 2, pp 262-274.

Quelle: Dr. Thienel Consulting und Zapp & Partner Management Consulting

Der systematischen und qualifizierten Personalauswahl kommt in den Unternehmen eine hohe Bedeutung für den Markterfolg zu.

In vielen Unternehmen wird allerdings noch sehr oberflächlich, sehr subjektiv und mit zu geringem persönlichem und zeitlichem Engagement die Unternehmensressource Personal ausgewählt und integriert. Im Weiteren werden Vorgehensweisen, Arbeitsprozesse, Methoden und Systeme vorgestellt, die zur Auswahl der passenden Mitarbeiter beitragen.

2 Quantitative und Qualitative Personalplanung

2.1 Vorgehensweise und Prozess der Personalplanung

Die Personalplanung des Unternehmens ist ein strategischer Kernprozess, um rechtzeitig auf Veränderungen reagieren zu können und die Unternehmensentwicklung nachhaltig zu unterstützen (siehe Abb. 4).

Abb. 4: Schrittweise Ableitung der Personalmanagement-Ziele und der Anforderungen an die Mitarbeiter der Zukunft

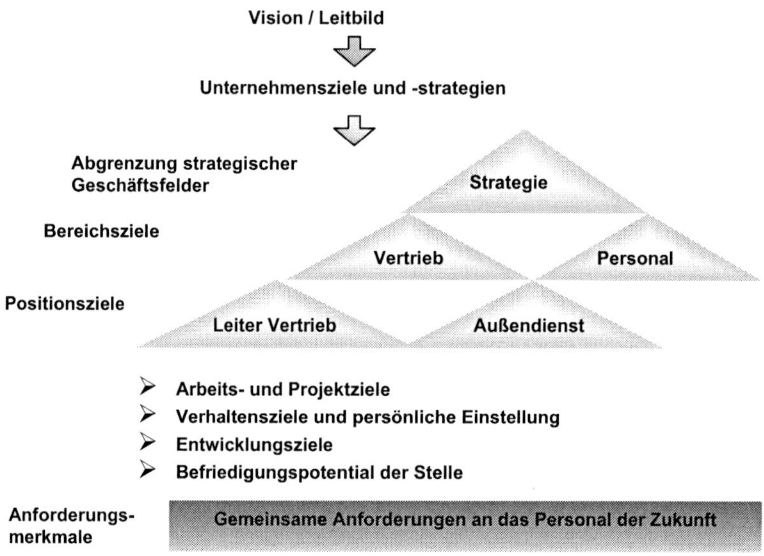

Quelle: Zapp & Partner Management Consulting

Im Einzelnen kann das eine neue Marktsituation, der Aufbau einer neuen Abteilung, die Einführung innovativer Organisationsformen (z.B. Gruppenarbeit) oder auch die Erweiterung der Produktion sein. Auch mittel- bis langfristige strategische Zukunftsszenarien führen in einigen Branchen zu unter Umständen langfristigen Planungsüberlegungen (siehe Abb. 5).

Abb. 5: Vom Zukunftsszenario zur strategischen Planung der Personalressourcen

Zukunftstrends: Einfluss- und Umfeldanalyse

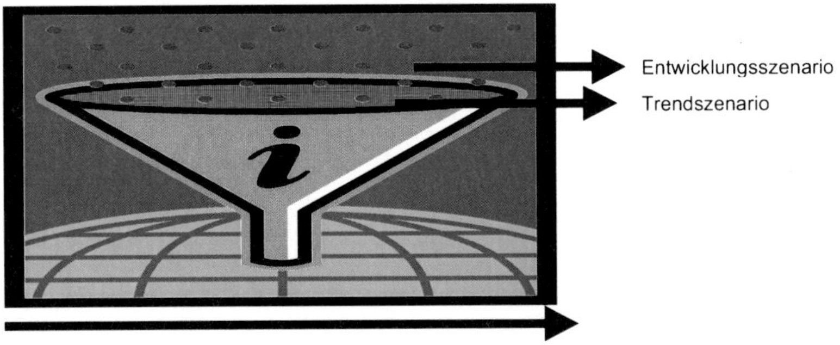

Ist 2006 **Soll 2007** **Tendenz 2011** **Perspektive 2016**

Personal:
Funktion
Qualifikationsprofil
Arbeitsbereich
Anzahl

Konkret, detailliert | Tendenziell, fokussiert präventive Vorbereitung: Kompetenzmapping

Ableitung und Dokumentation der Konsequenzen für Personalplanung, -entwicklung, -kosten, Nachfolgeplanung, Umschichtung, Personalbeschaffung

Quelle: Dr. Thienel Consulting

Der strategischen Planung folgt klassischerweise die Organisations- und die Mehrjahresplanung. Daraus wird die kurz-, mittel- und langfristige quantitative und qualitative Stellenplanung abgeleitet.

Die Stellen lassen sich inhaltlich durch Funktionsbeschreibungen und ihre Ansprüche an die Person über Anforderungsprofile beschreiben.
Die Personalplanung hat dabei die Aufgabe, dafür zu sorgen, dass genügend Personal mit entsprechender Qualifikation zum jeweiligen Zeitpunkt am entsprechenden Standort zu Verfügung steht.

Abb. 6: Bedeutung der Personalplanung

Eines der wichtigsten Elemente der Personalarbeit ist die Personalplanung. Die Personalplanung stellt einen wesentlichen Bestandteil der gesamten vorausschauenden Unternehmensplanung/Strategie dar. Darüber hinaus gilt es auch die kurzfristige Personaldisposition zu optimieren, denn:

1. Arbeitskräfte, insb. engagierte und qualifizierte Mitarbeiter und Führungskräfte, bleiben trotz konjunktureller Schwankungen und struktureller Veränderungen weiterhin knapp.

2. Ein motivierter und ausreichender „Mitarbeiter-Stamm" ist für die Leistungserbringung notwendiger denn je.

3. Das Lohnkostenniveau zwingt dazu, personell so rationell wie möglich zu wirtschaften und optimierte Lösungen zu suchen.

4. Steigende Anforderungen an die Qualifikation der Mitarbeiter und Führungskräfte zwingt die Unternehmen zu einer planmäßigen Aus-, Fort- und Weiterbildung ihrer Belegschaft (Wissens-, Innovations- und Informationsmanagement als strategischer Erfolgsfaktor).

Quelle: Zapp & Partner Management Consulting

Dabei unterteilt sie sich in verschiedene Subprozesse. Die Personalbedarfsplanung bestimmt den qualitativen Bedarf. Sie ist das zentrale Element jeder Personalplanung und steht am Anfang aller diesbezüglicher Unternehmen. Dabei bestimmt sie die Anzahl der Mitarbeiter in den Abteilungen und definiert die notwendigen Qualifikationen. Diese beiden Teilaufgaben bezeichnen wir als qualitative und quantitative Personalbedarfsplanung.

Daran schließt sich die Personalbeschaffungs- und Freistellungsplanung an, die festlegt, ob und welche Neueinstellungen oder Kündigungen durchzuführen sind. Des Weiteren folgen die Personaleinsatzplanung, die jedem Mitarbeiter seinen Arbeitsplatz zuweist, die Personalentwicklungsplanung die Aus- und Weiterbildung koordiniert und die Personalkostenplanung.

Der folgende Abschnitt legt seinen Fokus auf die eigentliche Personalbedarfsplanung. Ziel ist es festzulegen wie der Personalbedarf in qualitativer und quantitativer Hinsicht zu bestimmen ist.

Wie bereits erwähnt stellt die Personalbedarfsplanung den Schlüsselprozess aller personalplanerischen Aktivitäten dar. Die einzelnen Teilfunktionen veranschaulicht folgende Grafik.

Abb. 7: Teilfunktionen der Personalplanung

Teilfunktionen	Bedeutung
Personalbedarfsplanung	Wie viele Mitarbeiter welcher Qualifikation werden wann und wo benötigt?
Personalbeschaffungs- und auswahlplanung	Wie können die erforderlichen Mitarbeiter gewonnen werden?
Personalanpassungsplanung	Wie kann der Personalbestand der wirtschaftlichen Situation des Unternehmens unter Vermeidung sozialer Härten angepasst werden?
Personaleinsatzplanung	Wie können die Mitarbeiter im Hinblick auf die Anforderungen der Arbeitsplätze unter Berücksichtigung ihrer persönlichen Eignung optimal eingesetzt werden?
Personalentwicklungsplanung	Wie können die Qualifikationsdefizite der Mitarbeiter mit den Anforderungen der vorgesehenen Stellen in Übereinstimmung gebracht werden?
Personalkostenplanung	Welche Kosten ergeben sich aus den geplanten personellen Maßnahmen und wie lassen sich diese steuern?

Quelle: Zapp & Partner Management Consulting

Auf ihrer Grundlage werden alle weiteren Maßnahmen durchgeführt. Es ist ersichtlich, dass ein Prozess von solcher Wichtigkeit eine große Bedeutung für das Unternehmen hat. Aus diesem Grund sollte die Personalbedarfsplanung stets in Verbindung mit der Unternehmensstrategie stehen bzw. aus ihr abgeleitet werden. Dieses Vorgehen hat sowohl Implikationen für die quantitative als auch für die qualitative Seite der Planung. Der Ablauf ist dabei folgender: Ausgehend vom Unternehmensleitbild werden Ziele und Strategien formuliert.

Abb. 8: Personalmanagement als integraler Bestandteil des Unternehmens

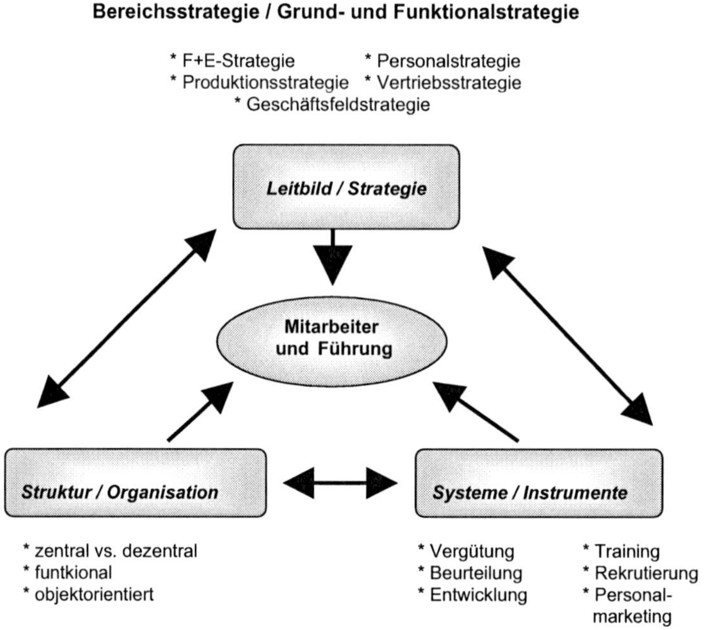

Quelle: Zapp & Partner Management Consulting

Diese haben langfristigen Charakter. Aus den Grobzielen kann man die verschiedenen Geschäftsfelder bestimmen. Die jeweils für sich wieder ihre strategischen Ziele aus den Oberzielen ableiten. Das geht so weiter über die Abteilungen bis zu den einzelnen Mitarbeitern für die sich verschiedene Anforderungen ergeben. (siehe auch Abb. 4 und Abb. 9)

Eine entsprechende Vorgehensweise ist auch als integraler Bestandteil des Unternehmens bzw. der Unternehmensstrategie zu sehen. Diese hat auch konkrete Auswirkungen auf die Struktur / Organisation die Systeme und Instrumente sowie die Führung der Mitarbeiter (siehe Abb. 9).

Abb. 9: Unternehmensleitbild - Unternehmensspezifische Anforderungsfelder

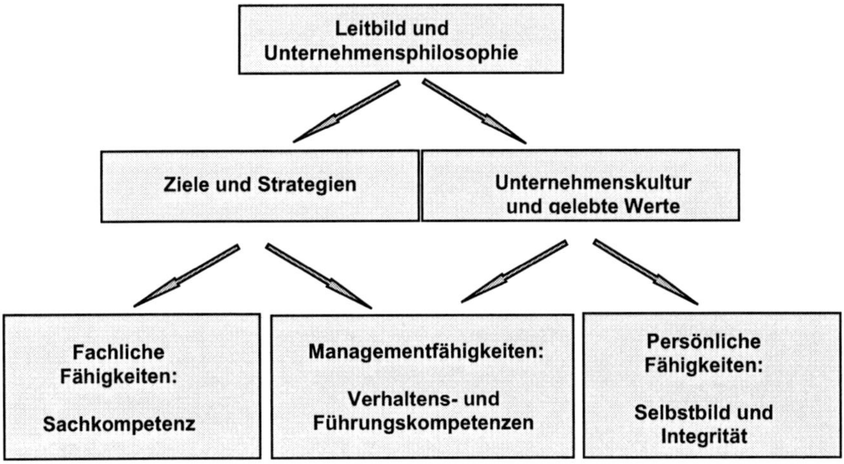

Quelle: Zapp & Partner Management Consulting (vgl. Abb. 1)

Aus diesen Überlegungen leiten sich die in folgender Graphik dargestellten Phasen der Planung ab.

Abb. 10: Phasen der Planung

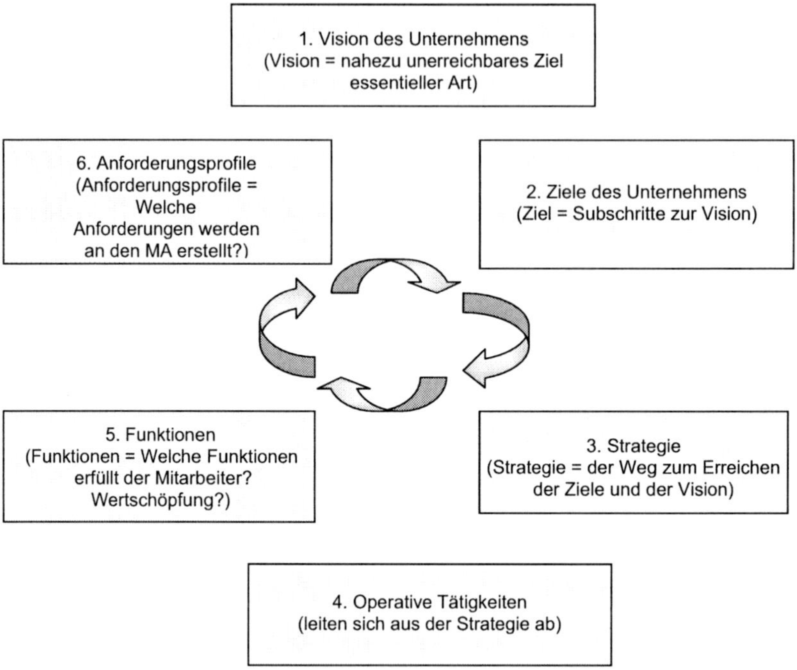
1. Vision des Unternehmens
(Vision = nahezu unerreichbares Ziel
essentieller Art)
2. Ziele des Unternehmens
(Ziel = Subschritte zur Vision)
3. Strategie
(Strategie = der Weg zum Erreichen
der Ziele und der Vision)
4. Operative Tätigkeiten
(leiten sich aus der Strategie ab)
5. Funktionen
(Funktionen = Welche Funktionen
erfüllt der Mitarbeiter?
Wertschöpfung?)
6. Anforderungsprofile
(Anforderungsprofile =
Welche
Anforderungen werden
an den MA erstellt?)

Quelle: Zapp & Partner Management Consulting

Ist ein Unternehmensziel die Verbesserung des Images, so kann sich für den Produktbereich daraus eine Erhöhung der Qualität ergeben. Für die Entwicklungsabteilung könnte das heißen, dass eine verstärkte Kontrolle und Evaluation durchgeführt wird. Auf den einzelnen Mitarbeiter bezogen, ergeben sich ein allgemein höheres Qualifikationsniveau und als Einzelfähigkeit eine erhöhte Gewissenhaftigkeit.

Für den quantitativen Personalbedarf ist der Zusammenhang noch ersichtlicher. Plant ein Unternehmen die Ausweitung der Produktion, so kann dies die Errichtung eines neuen Standortes nach sich ziehen. Damit verbunden steigt natürlich der Bedarf an Mitarbeitern. Dies wird in den meisten Fällen zu Neueinstellungen führen.

Bevor im Folgenden die beiden Teilprozesse quantitative und qualitative Personalbedarfsplanung in ihren Methoden und Vorgehensweisen dargestellt werden zeigt Abbildung 11 zusammenfassend die Hauptaufgaben der Personalplanung. Die sich hieran anschließenden Teilprozesse werden der besseren Übersicht halber getrennt behandelt, obwohl sie im betrieblichen Alltag in der Regel simultan durchgeführt werden.

Abb. 11: Hauptaufgaben der Personalplanung

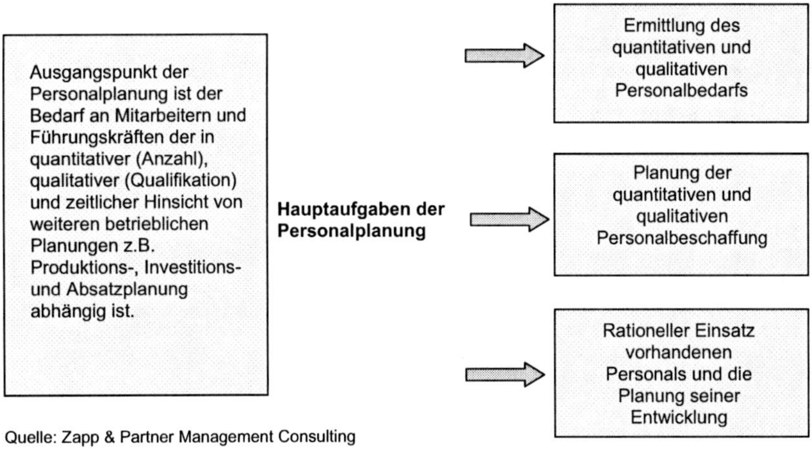

Ausgangspunkt der Personalplanung ist der Bedarf an Mitarbeitern und Führungskräften der in quantitativer (Anzahl), qualitativer (Qualifikation) und zeitlicher Hinsicht von weiteren betrieblichen Planungen z.B. Produktions-, Investitions- und Absatzplanung abhängig ist.
Hauptaufgaben der Personalplanung
Ermittlung des quantitativen und qualitativen Personalbedarfs
Planung der quantitativen und qualitativen Personalbeschaffung
Rationeller Einsatz vorhandenen Personals und die Planung seiner Entwicklung

Quelle: Zapp & Partner Management Consulting

2.2 Quantitative Personalbedarfsplanung

Der quantitative Personalbedarf für einen bestimmten Zeitpunkt kann mit Hilfe verschiedener Methoden bestimmt werden. Unabhängig davon, welche man auswählt, kann man allgemein drei Teilschritte unterscheiden:

1. Ermittlung des Brutto-Personalbedarfs:
Der Brutto-Personalbedarf wird häufig auch als Soll-Bestand bezeichnet. Er gibt an, wie viele Mitarbeiter benötigt werden, um die geplante Leistung zu erzielen. Man kann ihn weiter in Einsatzbedarf, die Mitarbeiter die zur Aufgabenerfüllung notwendig sind, und Reservebedarf, Personal das man benötigt um Fehlzeiten z.B. durch Urlaub oder Krankheit auszugleichen, unterteilen. Zu seiner Bestimmung kann man sich verschiedener Verfahren bedienen.

In der Praxis weit verbreitet sind Schätzverfahren. Hier wird der Personalbedarf an Hand von Intuition und Erfahrung geschätzt. Man befragt dazu in der Regel Führungskräfte oder Personalfachleute. Diese Methode ist zwar am einfachsten durchzuführen, liefert aber leider keine besonders objektive und genaue Schätzung.

Eine weitere Möglichkeit ist die Stellenplanmethode, bei der der aktuelle Stellenbedarf systematisch fortgeschrieben wird. Der Stellenplan enthält alle Stellen nach Art und Anzahl, die besetzt sein sollten, um die betrieblichen Aufgaben zu erfüllen.
In der Industrie werden im Bereich der Produktion oft arbeitswissenschaftliche Verfahren verwendet. Dabei ermittelt man den Zeitbedarf für die geplante Arbeitsmenge und rechnet ihn in Arbeitskräfte. Dies kann zum Beispiel durch Zeitstudien oder Mitarbeiterbefragungen geschehen. Das

Verfahren eignet sich gut für Bereiche mit homogenen Abläufen und hohem Wiederholungsgrad, wie es bei der Fließbandproduktion der Fall ist.

Statistische Methoden zur Personalbedarfsbestimmung orientieren sich an Kennzahlen, die sie mittels Berechnungen zueinander und zum zukünftigen Bedarf in Beziehung setzen. Als wichtigste sei hier die Arbeitsproduktivität genannt. Sie ist der Quotient aus Ertragsgröße und dem Arbeitseinsatz und kann mit arbeitswissenschaftlichen Verfahren ermittelt werden. Teilt man die geplanten Erträge durch die Arbeitsproduktivität, so erhält man den Brutto-Personalbedarf.

2. Ermittlung des zukünftigen Personalbestandes
Ausgangspunkt hierfür ist der gegenwärtige Personalbestand. Ihn erhält man aus dem Stellenbesetzungsplan, der aus dem Stellenplan entwickelt wird. Möchte man nun den zukünftigen Personalbedarf ermitteln, so addiert man zum aktuellen Personalbestand alle Zugänge (z.B. durch Neueinstellung, Übernahme aus dem Ausbildungsverhältnis, Versetzung) und subtrahiert alle Abgänge (z.B. durch Pensionierung, Kündigung, Wehr- und Zivildienst), die im entsprechenden Zeitraum zu erwarten sind. Dieses einfache Vorgehen berücksichtigt allerdings keine Größen wie vorzeitige Kündigung oder längere Krankheiten. Man kann sich behelfen, indem man Statistiken über Personalbestände und Fluktuationsraten mit einbezieht. Auf diese Weise wird die Bestimmung des zukünftigen Personalbestandes genauer und man erhält die Ist-Größe für den festgelegten Zeitpunkt.

3. Ermittlung des Netto-Personalbedarfs
Im letzten Schritt wird nun ein einfacher Ist-/Soll-Vergleich durchgeführt. Man bildet die Differenz aus dem Brutto-Personalbedarf und dem zukünftigen Personalbestand und erhält den Netto-Personalbedarf.

Abb. 12: Quantitative Personalplanung
(Vereinfachte Darstellung)

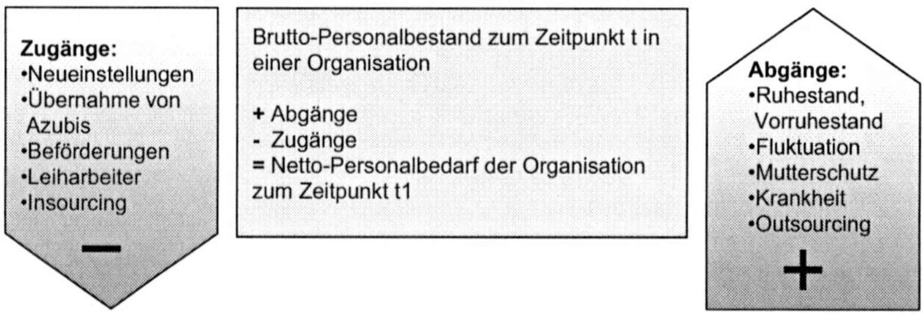

Zugänge:
•Neueinstellungen
•Übernahme von Azubis
•Beförderungen
•Leiharbeiter
•Insourcing
—
Brutto-Personalbestand zum Zeitpunkt t in einer Organisation
+ Abgänge
- Zugänge
= Netto-Personalbedarf der Organisation zum Zeitpunkt t1
Abgänge:
•Ruhestand, Vorruhestand
•Fluktuation
•Mutterschutz
•Krankheit
•Outsourcing
+

Quelle: Zapp & Partner Management Consulting

Dieser kann zum einen eine Überdeckung, d.h. zu viele Mitarbeiter anzeigen. In diesem Fall spricht man auch von Freisetzungsbedarf, auf den durch Entlassungen, frühzeitige Kündigung und keine Übernahme aus der Ausbildung reagiert werden kann. Zum anderen kann eine Unterdeckung (zu wenige Mitarbeiter) entstehen, der man mit Neueinstellungen, Ausbildung oder besserer Qualifizierung oder Outsourcing begegnen kann.

Die folgende Abbildung veranschaulicht noch einmal die zur Ermittlung des quantitativen Personalbedarfs verwendeten Hilfsmittel sowie die quantitativen Voraussetzungen.

Abb. 13: Hilfsmittel und quantitative Voraussetzungen zur Ermittlung des Personalbedarfs

Hilfsmittel	Quantitative Voraussetzungen
• **Stellenpläne** (alle Arbeitsplätze nach Anzahl und Bezeichnung) • **Stellenbesetzungspläne** (von welchen Mitarbeitern sind welche Positionen besetzt; außerdem Titel, Vollmachten, Eintrittsjahr, Geburtsjahr, Tarifgruppe, Nachfolgeplanung, Gehaltsplanung) • **Stellenbeschreibungen** (Zielsetzung des Arbeitsplatzes schriftlich fixiert) • **Nachfolge- und Laufbahnplänen** (welche Stelle ist von wem, bis wann zu besetzen, Gehaltsrahmen) • **Qualifikationsanforderungen** (welche Voraussetzungen muss der Stelleninhaber erfüllen: Ausbildung, Studium, Berufserfahrung, Seminare) • **Qualifikationsprofile** (welche Voraussetzungen bringen die MA mit.)	• **Betriebliche Gesamtplanung:** • Investitionsplanung • Produktionsplanung • Rationalisierungsplanung • **Personalstatistiken:** • Altersstruktur des Personals (Lebensalter und Dienstalter) • Fehlzeiten des Personals • Fluktuation • **Externe Daten:** • Arbeitsmarktentwicklung • Arbeitszeitordnung • Sozialgesetzgebung • Tarifentwicklung • Volkswirtschaftliche Entwicklung

Quelle: Zapp & Partner Management Consulting

2.3 Qualitative Personalbedarfsplanung - Die Arbeitsanalyse

Nachdem wir die Größe unseres Personalbedarfs bestimmt haben, kommen wir zu den qualitativen Aspekten, nämlich Arbeitsanalyse und Anforderungsprofil.

Wenn das aus der Analyse hervorgehende Profil inadäquat ist oder noch schlimmer, überhaupt keine systematischen Vorüberlegungen getroffen wurden, dann ist selbst das beste Auswahlverfahren von geringem praktischem Nutzen. Es wählt dann nach wie auch immer zustande gekommenen Kriterien aus, die im späteren Arbeitsalltag gar nicht oder nur kaum zum Tragen kommen. Diese Argumentation gilt mit Einschränkungen für alle Personalauswahlverfahren. Anders ausgedrückt geht es hier nicht um die Methode, sondern um den Inhalt, beispielsweise was ich im Interview erfragen will (siehe Abb.14).

Ziel der qualitativen Personalbedarfsplanung ist es festzulegen, welche Qualifikationen für welche Positionen erforderlich sind. Meist geht man dabei so vor, dass zunächst alle relevanten Aufgaben einer Stelle festgestellt und dokumentiert werden. Daraus leitet sich das Anforderungsprofil ab. Es enthält die zur erfolgreichen Erfüllung der Aufgaben notwendigen Fähigkeiten und Fertigkeiten. Die folgende Tabelle vergleicht unterschiedliche Anforderungsprofilarten.

Abb. 14: Vergleich von unterschiedlichen Anforderungsprofilarten

	fachliche Qualifikationen	formale Berufsabschlüsse	Handlungskompetenzmodell	Schlüssel-Qualifikationen
Charakter	Was kann der Mitarbeiter/ Bewerber? Es ist nahezu unwichtig, woher er dieses Wissen hat (z. B. durch Erfahrung).	Welchen formalen Abschluss hat der Mitarbeiter/ Bewerber (z. B. Bankkaufmann, Studium Maschinenbau o.ä.)?	Vier Kompetenzbereiche (Fach-, Methoden-, Sozial- und Persönlichkeitskompetenz)	Ist der Mitarbeiter motiviert, lernbereit, engagiert?
Beispiel: **Es wird ein Sachbearbeiter für den Vertrieb eines Industrieunternehmens gesucht**	Ein Bewerber möchte einen Job in einem anderen Unternehmen. Bei seinem bisherigen Arbeitgeber hat er diesen Job schon mehrere Jahre erfolgreich gemacht. Obwohl er keinen Berufsabschluss hat, stieg er als „Praktikant“ ein und hat sich langsam hochgearbeitet.	Es wird ein Bewerber gesucht, der die Berufsausbildung als Industriekaufmann absolviert hat. Persönliche Erfahrungswerte sowie der „bisherige Werdegang“ bleiben eher außer Betracht	Es wird abgeleitet, welches Fachwissen der neue Mitarbeiter haben muss, welche Methodenkompetenz er besitzen muss (z. B. EDV -Programmen), wie die Sozialkompetenz ausgeprägt sein muss (z.B. Teamarbeit), welche persönlichen Voraussetzungen erfüllt sein müssen (Einstellungen und Werte: z. B. wird der Kunde als Fundament des Erfolgs betrachtet oder besteht die Einstellung „Achtung, Kunde droht mit Auftrag“).	Ein Mitarbeiter im Vertrieb muss Empathie, Kundenorientierung, Kommunikationsfähigkeit, Verhandlungsgeschick etc. besitzen. Reine Produktkenntnisse stehen nicht im Vordergrund. Aufgrund seiner Kundenorientierung etc. resultiert eine personelle Anpassung, bei der sich der Mitarbeiter die erforderlichen Kenntnisse selbst aneignet.
Bewertung/ Einsatzmöglichkeiten	Werden lediglich diese fachspezifischen, funktionalen Kenntnisse als Kriterium herangezogen, wird dies aufgrund der abnehmenden Halbwertszeit des Wissens sowie der Dynamik des Arbeitslebens ein sehr kurzlebiges Anforderungsprofil sein.	Zertifikate sind normiert. Dies bedeutet, dass unterstellt wird, dass jemand mit dem Zertifikat „Industriekaufmann IHK“ über entsprechende Kenntnisse verfügt. Dies ist allerdings nicht ganzheitlich, da der Industriekaufmann in unterschiedlichsten Branchen der Industrie ausgebildet werden kann. Beispiel: Viele Menschen haben den Führerschein, aber nicht alle, die ihn auch haben, können auch Auto fahren.	Wünschenswerte Methode in der Praxis. Aber: Speziell die Fach- und Methodenkompetenz zu kennen, würde bedeuten, dass bekannt sein muss, welche Position der auslernende Auszubildende später übernimmt. In diesem Fall könnte ab dem ersten Tag der Ausbildung ein spezieller Versetzungsplan zugeschneidert werden. Aber: Keine Berücksichtigung der individuellen Potentiale, Talente und Interessen des Auszubildenden, die sich im Laufe der Ausbildung entfalten können.	Dies scheint die günstigste Möglichkeit zu sein, Anforderungsprofile für Auszubildende zu erstellen. Durch den extrafunktionalen Charakter kann der Auszubildende sich später auf jegliches Umfeld einstellen und wird daher zum flexibel einsetzbaren Mitarbeiter.

Quelle: Zapp & Partner Management Consulting

Das erforderliche Anforderungsprofil ergibt sich aus den für die jeweilige Stelle relevanten, unterschiedlich gewichteten Anforderungskriterien sowie den allgemeinen Anforderungen (siehe Abb.15).

Abb. 15: Festlegung des Anforderungsprofils

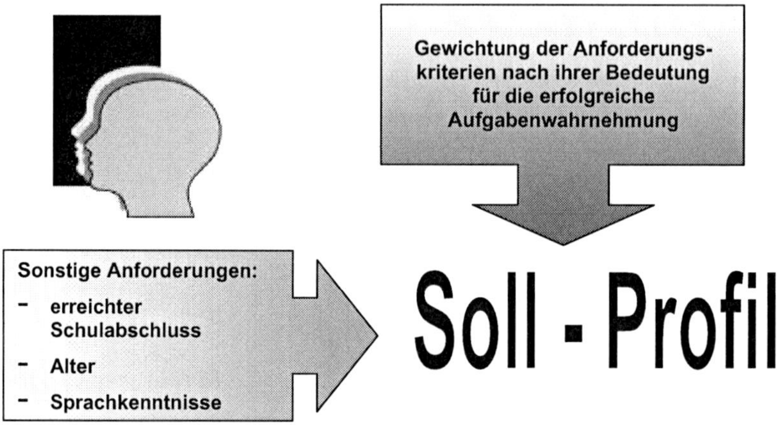

Quelle: Zapp & Partner Management Consulting

Man kann das Anforderungsprofil grundsätzlich auf verschiedene Arten ermitteln. Die genaueste und objektivste Methode ist die Arbeits- oder Anforderungsanalyse. Sie erfüllt grundsätzlich mehrere Anwendungszwecke und Zielsetzungen. So kann sie zum Beispiel auch zur Entgeltfindung eingesetzt werden.

Abb. 16: Mögliches Soll - Profil

		1	2	3	4	5	6	7
Problem-lösungs-kompetenz	Analysevermögen	○	●	○	○	○	○	○
	Konzept- und Entscheidungsqualität	○	○	●	○	○	○	○
	Kreativität/ Visionen	○	○	○	○	●	○	○
	Handlungs-/ Umsetzungsorientierung	○	○	○	●	○	○	○
Motiva-tions-kompetenz	Motivationskraft	○	○	○	●	○	○	○
	Zielmanagement	○	○	○	○	●	○	○
	Überzeugungskraft	○	○	○	○	○	●	○
	Durchsetzungsfähigkeit	○	○	●	○	○	○	○
	Kooperation/ Integration	○	●	○	○	○	○	○
Führungs-kompetenz	Leistungsmotivation	○	○	●	○	○	○	○
	Dynamik und Belastbarkeit	○	○	○	●	○	○	○
	Lern- und Veränderungsbereitschaft	○	○	○	○	●	○	○
	Integrität/ Verantwortungsbewusstsein	○	○	○	●	○	○	○
Manage-ment-kompetenz	Unternehmerisches Denken	○	○	○	○	●	○	○
	Strategiekompetenz	○	○	○	○	○	●	○
	Wertmanagement	○	○	○	●	○	○	○
	Erfahrungsspektrum	○	○	○	●	○	○	○
	Internationalität	○	○	○	○	●	○	○

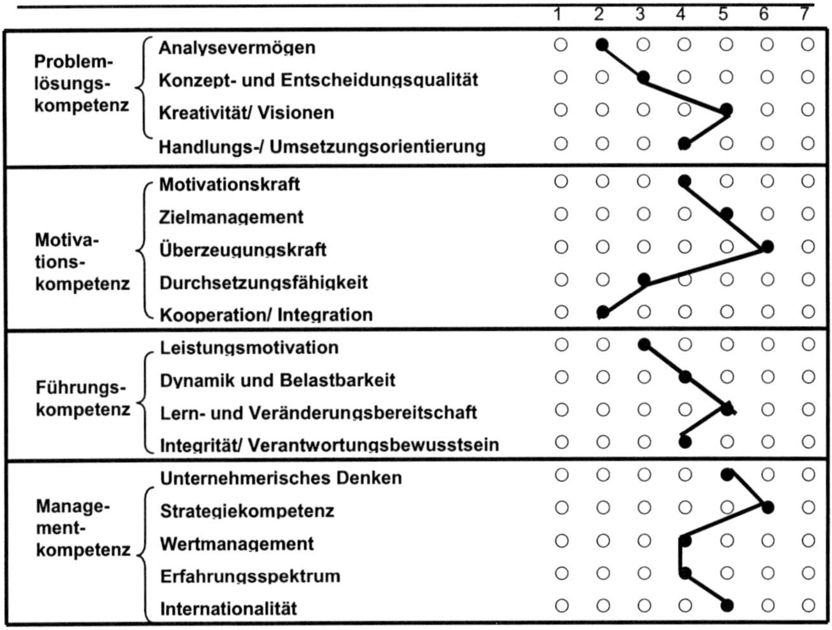

Quelle: Zapp & Partner Management Consulting

Im Rahmen der Personalauswahl wird sie vornehmlich zur Konstruktion und Auswahl von Kriterien benötigt, die zur Feststellung der Eignung eines Bewerbers für eine bestimmte Arbeit dienen sollen. Hierbei versucht man die Gesamtheit aller auszuführenden Arbeitsaufgaben eines Arbeitsplatzes zu analysieren, woraus sich wiederum bestimmte Persönlichkeitsmerkmale und Fähigkeiten ableiten lassen, über die ein Bewerber verfügen sollte um die betreffende Tätigkeit erfolgreich auszuführen. Dabei gibt es verschiedene Vorgehensweisen von denen wir die wichtigsten im Folgenden erläutern.

2.3.1 Führungskräftebefragung

Eine weit verbreitete Methode, um an die entsprechenden Daten zu gelangen, stellt die Befragung von Vorgesetzten oder Kollegen, die bereits in ähnlichen Stellen tätig sind, dar. Es werden in der Regel Fragen zu den Rahmenbedingungen, den Ergebnissen, den Aufgaben und dem Niveau der jeweiligen Position gestellt. Daraus leitet sich meist eine Aufzählung von Merkmalen, die plausiblerweise mit erfolgreichem Verhalten in betrieblichen Situationen verbunden sind ab. Wenn ein Bewerber nun über solche Merkmale verfügt, ist davon auszugehen, dass er den Anforderungen im jeweiligen Arbeitsbereich gewachsen ist. Diese Methode setzt eine große Erfahrung sowohl mit der zu beschreibenden Arbeitstätigkeit als auch im Umgang mit den Ergebnissen der Auswertung voraus. Ist das gewisse Maß an Erfahrung vorhanden, so können durch diese Befragungen durchaus Zuordnungen entstehen, die auch kritischen empirischen Überprüfungen standhalten. Demgegenüber ist vor allem bei geringer Erfahrung und sich verändernden Anforderungen die Ergänzung durch empirische Methoden empfehlenswert.

2.3.2 Interviews nach der Methode der kritischen Ereignisse

Bei der Methode zur Erhebung kritischer Ereignisse geht man wie folgt vor:
Im ersten Schritt werden kritische Ereignisse ermittelt, die bei der Tätigkeit im betreffenden Arbeitsbereich auftreten können. Hierzu werden sowohl Führungskräfte als auch Mitarbeiter mit guten Kenntnissen über die jeweilige Position gebeten ein kritisches Ereignis im betreffenden Arbeitsalltag zu beschreiben. Dies sind Situationen in denen die Stelleninhaber entweder ein besonders erfolgreiches oder ein besonders ineffektives Verhalten gezeigt haben.

Folgende Situation kann ein kritisches Ereignis darstellen:
Ein zuvor falsch beratener Kunde kehrt ärgerlich ins Unternehmen zurück, um sich über die falsche Beratung und über die eventuell entstandenen Schäden zu beschweren. Verschärft wird die Situation dadurch, dass der verantwortliche Mitarbeiter zu diesem Zeitpunkt nicht greifbar ist und ein nicht fachkundiger Kollege diesen vertreten muss.
Es sollen also Situationen ausfindig gemacht werden, in denen das Verhalten der jeweiligen Personen großen Informationswert hinsichtlich ihrer Qualifikation für die entsprechende Stelle hat.

Im zweiten Schritt werden aus den Schilderungen solcher Situationen Verhaltensdimensionen abgeleitet, in denen erfolgreiche Mitarbeiter sich von weniger erfolgreichen unterscheiden. Beispiele können der Umgang mit Fehlern, die Gelassenheit in schwierigen Situationen oder Durchsetzungsvermögen sein. Diese nun klassifizierten Verhaltensdimensionen dienen als Grundlage zur Entwicklung standardisierter, situativer Fragen im Interview.

Abb. 17: Vorgehensweise bei der Methode der kritischen Ereignisse

1. Situation des Unternehmens

- Produkte und strategische Geschäftsfelder
- Geschichte des Unternehmens in seinen Teilmärkten
- Unternehmensleitbild; Unternehmensphilosophie und zentrale Werte
- Aktuelle relevante Erfolgsfaktoren des Unternehmens
- Leistungsvariablen des Unternehmens, die in nächster Zeit verbessert werden müssen.

2. Analyse der Ziel-Position

Achtung: Sämtliche Angaben sollen sich auf die Position und *nicht* auf den Stelleninhaber beziehen. Mit diesem Instrument soll *nicht* die Management-Leistung bewertet werden.

- Quantitative und qualitative Ziele der Position
- Beziehung dieser Ziele zu den Unternehmenszielen
- Einbindung der Position in die Aufbauorganisation (Organigramm)
- Anzahl und Qualifikationen der unterstellten Mitarbeiter (falls vorgesehen)
- Strukturierung von Aufgabenfeldern mit Prioritätensetzung (ABC-Analyse)
- Die wichtigste Herausforderung der Position
- Verantwortungsbereiche der Position (Personal, Material, Budget, etc.)
- Notwendige und wünschenswerte Ausbildungsvoraussetzungen für die Position
- Notwendige und wünschenswerte Erfahrungsvoraussetzungen für die Position
- Weitere Qualifikation, Potentiale und Fähigkeiten, haben erfolgreiche Stelleninhaber
- Anforderungen, die sich aus zukünftigen Strategien ergeben
- Schnittstellen zu anderen Abteilungen
- Wo vermuten Sie Probleme für den zukünftigen Stelleninhaber?

3. Anforderungsanalyse mit Critical Work-Incidents

Einige Vorbemerkungen zur Critical Incident-Technique:

Mit dieser Methode gilt es, die Verhaltensweisen von erfolgreichen und von weniger erfolgreichen Stelleninhabern zu identifizieren.
Die Namen der Stelleninhaber sind unwichtig. Sie sollten allerdings konkrete Beispiele vor Augen haben, die Sie bei Kollegen, Mitarbeitern oder aus eigener Erfahrung beobachtet haben.
Es ist dabei nicht so wichtig, wie das Verhalten sein sollte, sondern wie es bei erfolgreichen und weniger erfolgreichen Stelleninhabern tatsächlich ist. Nennen Sie beobachtbares Verhalten (Was macht der Stelleninhaber tatsächlich?), nicht Qualifikationen, Eigenschaften und Persönlichkeitsfaktoren (Welche Persönlichkeit hat der Stelleninhaber?).Die Resultate sollten mehr sein als „erste Eindrücke".
Die Verhaltensbeispiele erfolgreicher Stelleninhaber sind wichtiger als die Beschreibungen des Verhaltens weniger effektiver Stelleninhaber. (Diese Ausführungen haben lediglich eine Überprüfungsfunktion).

- Nennen Sie die Arbeitsergebnisse geordnet nach ihrer Wichtigkeit:
- Name des Ereignisses oder der Arbeitssituation
- Häufigkeit pro Monat
- Dauer des Ereignisses (Vorbereitung, Realisierung)
- Beteiligte Personen
- Zu bewältigende Schwierigkeiten
- Beziehung einer erfolgreichen Bewältigung zu den Positionszielen (Wichtigkeitscheck)
- Weitere Charakteristika der Situation
- Ziele-Aufgaben-Anforderungen

Quelle: Zapp & Partner Management Consulting

2.3.3 Stellentagebücher

Das Führen eines so genannten Tagebuches ist eine leichte und einfache Art, um Wissen über einen Arbeitsplatz zu erlangen. Es wird entweder in freier Form oder als Checkliste zum Ankreuzen durchgeführt. Beide Methoden beinhalten welche Aufgaben wie lange ausgeführt wurden. Allerdings hat dieser Ansatz einige Probleme. So neigen die meisten Menschen dazu jene Aufgaben unverhältnismäßig häufiger auszuführen, die ihnen angenehm sind oder die sie erfolgreich ausführen konnten. Auch ist nicht jeder Mitarbeiter gleichermaßen geeignet ein Tagebuch zu führen, da einige zu grob und andere zu detailverliebt sind. Das alles führt zu einem verzerrten Bild.

2.3.4 Weitere Informationsquellen

Neben den genannten Wegen ist es ratsam auch auf andere Art Informationen einzuholen, um ein wirklichkeitsnahes Anforderungsprofil zu erhalten oder die Unternehmensstrategie abzuleiten.

Daneben kann man auch - mit Genehmigung der Beteiligten - Ergebnisse aus Mitarbeitergesprächen und strategischen Überlegungen einfließen lassen.

Abschließend sind noch drei Dinge zu bemerken. Zum einen sollten möglichst viele unabhängige Methoden angewendet werden, um Informationen zu sammeln. Dadurch erhält man eine höhere Treffsicherheit. Zum zweiten sollte ein vorhandenes Anforderungsprofil regelmäßig dahingehend überprüft werden, ob es noch dem Arbeitsalltag und den zukünftigen Anforderungen an die Position entspricht (dynamisches Anforderungsprofil). Gerade in Zeiten der ständigen Änderung beruflicher Anforderungen ist dieser Punkt sehr wichtig, wenn man ein effektives Personalmanagement betreiben will. Zum Dritten müssen immer sowohl die Perspektive des Unternehmens als auch der Mitarbeiter berücksichtigt werden. (vgl. Abb. 18)

In Kapitel 3 „Ermittlung der Personalanforderungen" wird nochmals detailliert auf die Fragen der Einflussfaktoren, Ermittlung der Anforderungen und Kompetenz der Bewerber eingegangen.

Abb. 18: Vorteile der Personalplanung aus Unternehmens- und Mitarbeitersicht

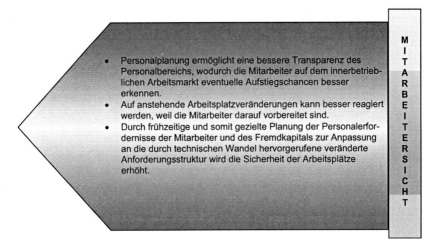

UNTERNEHMENSSICHT

- Höhere Effizienz des Unternehmens.
- Frühzeitige Erkennung und Berücksichtigung von Personalengpässen.
- Rechtzeitige Erkennung des Personalentwicklungsbedarfs führt zu einer Verbesserung der Arbeitsproduktivität; →gewisse Unabhängigkeit vom externen Arbeitsmarkt, da langfristig betriebsintern eine höher qualifizierte Belegschaft zur Verfügung steht.
- Bessere Nutzung vorhandener Qualifikations- und Arbeitskraftreserven wenn rechtzeitig Klarheit über die künftigen Arbeitsgebiete und Arbeitsanforderungen besteht.
- Erhöhung der Wahrscheinlichkeit einer sozialeren und kostengünstigeren Personalplanung bei frühzeitiger Festlegung einer Personalüberdeckung.
- Vermeidung von Kosten durch ungeplante und damit teure personelle Maßnahmen.
- Versachlichung der Zusammenarbeit mit dem Betriebsrat.

MITARBEITERSICHT

- Personalplanung ermöglicht eine bessere Transparenz des Personalbereichs, wodurch die Mitarbeiter auf dem innerbetrieblichen Arbeitsmarkt eventuelle Aufstiegschancen besser erkennen.
- Auf anstehende Arbeitsplatzveränderungen kann besser reagiert werden, weil die Mitarbeiter darauf vorbereitet sind.
- Durch frühzeitige und somit gezielte Planung der Personalerfordernisse der Mitarbeiter und des Fremdkapitals zur Anpassung an die durch technischen Wandel hervorgerufene veränderte Anforderungsstruktur wird die Sicherheit der Arbeitsplätze erhöht.

Quelle: Zapp & Partner Management Consulting

3 Ermittlung der Personalanforderungen

3.1 Einflussfaktoren

Personalauswahl heißt eine Entscheidung darüber zu treffen, welchem von mehreren Bewerbern um eine vakante Position diese Position angeboten werden soll. Auswahlkriterium ist die „bestmögliche Passung“ („Fit“) von Anforderungen der Tätigkeit und Kompetenzen, Einstellungen und Verhaltenspräferenzen des Bewerbers. Es wird jener Bewerber bevorzugt, von dem zu erwarten ist, dass er dem geforderten Leistungs- und Verhaltensspektrum am nächsten kommt. Idealerweise müssten die Kompetenzen der Person deckungsgleich mit den Anforderungen der Position bzw. Stelle sein. Dann hätte man eine vollständige Eignung.

Die Auswahlsituation ist allerdings wesentlich komplexer als es diese einfache Vergleichsprozedur suggeriert. Es ist nicht damit getan, die Kompetenzen mehrerer Bewerber mit dem Anforderungsprofil der Tätigkeit abzugleichen. Dieses Vorgehen unterstellt, personal gebundene Fähigkeiten ständen mit organisationsbezogenen Verhaltensanforderungen in einer ähnlichen Beziehung wie das Lastenheft des neuen PKW-Motors zu den Konstruktionsvorschlägen der Entwicklungsingenieure. Die Perspektive muss ausgeweitet werden.

„Der Bewerber ist mehr als ein Objekt, das auf einen vordefinierten Leistungsprozess hin vermessen wird. Die Qualität und Quantität seiner Leistungsbeiträge wird nicht nur von seiner Eignung bestimmt, sondern entscheidend von den Erwartungen geprägt, in der zukünftigen Tätigkeit ein „erlebenswertes“ Beziehungsnetz zu Vorgesetzten und Kollegen, zur Tätigkeit selbst und zum Ergebnis der Tätigkeit zu knüpfen. Im Auswahlprozess geht es also auch darum, die Qualität der Beziehungen zu klären, auf die der Bewerber trifft bzw. die er gestalten möchte“ (Müller/Widmer, 1989, S. 85). Während des Auswahlprozesses muss eine entsprechende Beziehungsaufnahme möglich sein.

Das Tätigkeitsfeld ist mehr als eine Ansammlung von Leistungs- und Verhaltensanforderungen. Der Bewerber schätzt ein, welches Befriedigungspotential ihm die Tätigkeit bietet: In welchem Umfang sieht er seine Wertvorstellungen und normativen Ausrichtungen im Arbeitsplatzangebot realisierbar? Entsprechen die in der Position geforderten normativen Verhaltensmuster den eigenen Überzeugungen? Zudem sind die Verhaltensanforderungen keinesfalls statisch definiert. Arbeitsanforderungen verändern sich im Zeitablauf. In den Vergleich sind somit Veränderungspotentiale im Anforderungsprofil ebenso einzubeziehen wie das Entwicklungspotential, d.h. die latenten Kompetenzen und die Entwicklungswünsche des Bewerbers.

Die Eignung eines Bewerbers steht nach diesen Hinweisen erst dann fest, wenn gilt (Wottawa, 1990, S. 144 f.):

- dass er allen Anforderungen (sachlich und bezüglich der sozialen Beziehungen) aufgrund seiner Leistungsfähigkeit und Verhaltensmuster gerecht werden kann (Grundvoraussetzung),

- dass die Anforderungen so beschaffen sind, dass sie zu seinem persönlichen Stil passen, so dass die Arbeit an sich motivierend wirkt,
- dass die Anreizstrukturen so beschaffen sind, dass die gewünschte Ausfüllung der Position dazu beiträgt, externe Ziele des Stelleninhabers zu erreichen - neben ausgehandelten „Belohnungen“ (z.B. Gehalt) und informellen Zusatzanreizen (Status, persönliche Einflussmöglichkeit) ist hier vor allem die persönliche berufliche Entwicklungsperspektive des Stelleninhabers zu beachten ,
- dass der Bewerber in das Unternehmen „passt“; dies erfordert zumindest ausreichende emotionale Akzeptanz durch die wichtigsten Kontaktpersonen und die weitgehende Übereinstimmung zwischen den Werthaltungen des Bewerbers und den grundlegenden Aspekten der spezifischen Unternehmenskultur.

Der „Eignungskompass“ verdeutlicht die Aussagen von Wottawa. Er zeigt die Abhängigkeit der Eignung von den Kompetenzen der Person, gespiegelt an den Anforderungen der Stelle. Die relative Bedeutung der einzelnen Teilaspekte von „Eignung“ hängt von der jeweiligen Position ab. Für eine erfolgreiche Stellenbesetzung sind aber stets alle diese Aspekte zu beachten, obwohl es manchmal schwierig sein kann, der Linie zu verdeutlichen, dass die Personalentscheidung nicht sinnvoll auf Leistungsaspekte allein gestützt werden kann.

Die Auswahlentscheidung wird nicht nur nach rationalen Kriterien und nicht nur von einem Entscheidungsträger getroffen. Im Allgemeinen ist neben dem Personalspezialisten auch der Fachvorgesetzte in den Entscheidungsprozess einbezogen. Zudem ist der Bewerber aktiv beteiligt. Bedenkt man, dass bestimmte Auswahlprozeduren - wie das Assessment Center (AC) - mehrere Linienvorgesetzte und z.T. externe Berater zur Urteilsfindung heranziehen, so wird das Gewicht personaler Einflussfaktoren deutlich. Bewerber und Auswahlentscheidung werden zum Objekt der persönlichen Vorlieben und Abneigungen der einzelnen Entscheidungsträger. Der „schwache“ Fachvorgesetzte bevorzugt i.d.R. den Kanndidaten mit eher niedrigem Leistungsniveau. Er wird seine Position kaum gefährden. Der Personalspezialist pflegt häufig seine individuelle Eignungstheorie, die z.B. Bewerber mit ähnlich beschwerlichem Aufstiegsweg bevorzugt. Die Beziehung zwischen dem Personalspezialisten und dem Fachvorgesetzten ist gestört. Der Personalreferent leitet qualifizierte Bewerber zu anderen „Nachfragern“ um. Zwischen Bewerber und Fachvorgesetzten entsteht spontan eine Sympathiebeziehung. Fachbezogene Kriterien treten in den Hintergrund. Die Fähigkeit sowohl des Personalreferenten als auch des Vorgesetzten, ein qualifiziertes Bewerbungsgespräch zu führen, ist begrenzt; zudem ist der Fachvorgesetzte durch andere, „wichtigere“ Aufgaben derart belastet, dass er für die Auswahl seiner zukünftigen Mitarbeiter nur wenig Zeit bereitstellt. Durch diese und andere Unwägbarkeiten leidet die Qualität des Auswahlentscheides.

Einfluss nehmen darüber hinaus die Rahmenbedingungen der unternehmerischen Tätigkeit. So kann es tradiertes Element der Unternehmenskultur sein, Frauen den Aufstieg in die oberen Führungsetagen zu versagen oder externe Bewerber einem besonderen Härtetest zu unterziehen. Letztlich sind die in der Position zu vertretenden Wertemuster im kulturellen „Überbau“ des Unternehmens verankert (z.B. „höchste Qualitätsansprüche bei allen Tätigkeiten“).

Die Unternehmensstrategie beeinflusst die mittel- und langfristig erforderlichen und aufzubauenden Anforderungs- und Veränderungspotentiale; die Organisationsstruktur legt die Arbeitsinhalte fest und definiert die Autonomieräume und damit das Befriedigungspotential der Tätigkeiten. Die technologischen und gesellschaftlichen Veränderungen (Umweltdynamik) wirken gleichermaßen auf Tätigkeit und Person: Neue Technologien generieren neue Anforderungen; Wertewandel verändert die Ansprüche der Bewerber an die Attraktivität des Arbeitsplatzes.

Jede Auswahlsituation hat ihre spezifischen Bedingungen. Entscheidung unter Zeitdruck verkürzt die Phase der Informationsgewinnung. Man begnügt sich mit einer reinen „Papieranalyse“ und lädt nur wenige Bewerber zum Vorstellungsgespräch ein. Eine geringe Bewerberzahl kann zur Senkung des Anspruchsniveaus führen, „um die Stelle auf alle Fälle zu besetzen“. Der Mangel an aussagekräftigen, trennscharfen Auswahlinstrumenten mindert die Qualität des Auswahlentscheids. Die Situation stellt sich anders dar, wenn es um die Prognose von Bewerberpotential geht als im Falle der Feststellung von Kompetenzen für bereits lange bekannte Tätigkeitsfelder. Schließlich sind die personalen Auswirkungen des Auswahlentscheids zu bedenken: Ordnet sich der Bewerber in das bestehende Gefüge der Arbeitsbeziehungen ein („Stimmt die Chemie? – Passt die Nasenspitze“) oder lässt die zu besetzende Position Raum für neu zu gestaltende Beziehungen?

Viele Einflussfaktoren werden in der Praxis nicht offen thematisiert. Sie gehen vielfach unbewusst in den Anforderungs-Eignungs-Vergleich ein. Die Offenlegung des komplexen Einflussnetzes ist ein erster Schritt, die Qualität des Auswahlentscheids zu verbessern. Sie verdeutlicht zudem die Notwendigkeit einer intensiven Zusammenarbeit zwischen Personalspezialist und Fachvorgesetzten im Auswahlprozess.

Bevor jedoch die eigentliche Ermittlung der Anforderungen erfolgen kann, muss zunächst der zu besetzende Tätigkeitsbereich analysiert werden. (Siehe hierzu auch Kapitel 2.3)

Abb. 19: Analyse des vorgesehenen Tätigkeitsbereichs

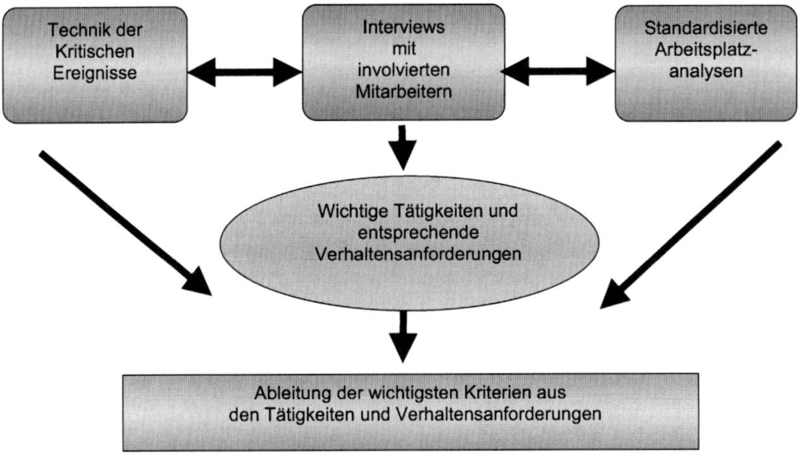

Quelle: Zapp & Partner Management Consulting

3.2 Ermittlung der Anforderungen

Das Anforderungsprofil umschreibt, über welche Kompetenzen eine Person verfügen muss, um die Aufgaben einer bestimmten Position zu erfüllen.

Die Anforderungen, die ein Arbeitsplatz stellt, gehen aus von
- den zu erreichenden Zielen bzw. Leistungsergebnissen, (→ Fachkompetenz)
- den zur Aufgabenerfüllung notwendigen Kontakten, dem Beziehungsgeflecht zu anderen Personen, (→ Sozialkompetenz)
- dem dazu erforderlichen Leistungsverhalten (→ Persönlichkeitskompetenz)
- den Aktivitäten bzw. Aufgaben, die auszuüben sind, um die Ziele zu erreichen, (→ Methodenkompetenz)

Aufgabenerfüllung kommt durch ein bestimmtes, beobachtbares Leistungsverhalten zustande. Das Leistungsverhalten wird erst möglich, weil der Stelleninhaber bzw. -bewerber über bestimmte persönliche Leistungsvoraussetzungen verfügt.

Solche Voraussetzungen sind
- das Fachwissen, die berufliche Erfahrung (Fachkompetenz);
- das Geschick im Umgang mit Menschen (Sozialkompetenz);
- Persönlichkeitsmerkmale wie Zuverlässigkeit oder Belastbarkeit (Persönlichkeitskompetenz) aber auch
- die Fähigkeit, das Fachwissen situationsadäquat anzuwenden (Methodenkompetenz).

Wer auswählt, muss die Leistungs- und Verhaltensvoraussetzungen einer Arbeitssituation kennen. In der Praxis finden sich derartige Kataloge in den Stellenanzeigen, z.B. in den Anzeigen bei internen Stellenausschreibungen. Die Kataloge sind stellenspezifisch formuliert und geben Hinweise auf

- die Fachkompetenz (z. B. Kenntnisse, Fähigkeiten, Fertigkeiten)
- die Sozialkompetenz (z. B. Kommunikation, Rollenverhalten, Wahrnehmung)
- die Persönlichkeitskompetenz (z. B. Selbstbild, Stabilität, Werte, Normen, Einstellungen)
- die Methodenkompetenz (z. B. Kulturtechnik, Lernen, Arbeitstechnik)

Beispiel: Informatikspezialist

Anforderungen:
- ➔ *Hochschulabschluss in Informatik, Betriebswirtschaft oder ähnliche Ausbildung*
- ➔ *Analytisches Denken, Einsatzfreudigkeit, Teamfähigkeit und Bereitschaft zur Übernahme von Verantwortung*
- ➔ *Einige Jahre Praxis mit IBM-Großcomputern*
- ➔ *Erfahrungen mit SAP-Standard-Software*

Die in der Praxis vorfindbaren Anforderungskataloge - so das oben genannte Beispiel - sind mit mehreren Nachteilen behaftet. Sie
- erschöpfen sich in einem groben Merkmalsraster, d.h. es fehlt ein ganzheitlicher Ansatz; i.d.R. werden nicht alle Kompetenzbereiche abgedeckt;
- sind nicht auf die Eigenschaften der zu besetzenden Stelle zugeschnitten;
- berücksichtigen nur den Ist-Zustand;
- sind nicht zukunftsorientiert und berücksichtigen ebenfalls nicht mögliche Veränderungen;
- werden vorwiegend von Personalspezialisten formuliert.

Die Anforderungen von Arbeitsplätzen sind üblicherweise vielfältig. Ziemlich präzise Angaben lassen sich im Allgemeinen für den Bereich der Fachkompetenz machen. Fachvorgesetzter und Spezialist einigen sich leicht auf die Art der Berufsausbildung oder die notwendige Berufserfahrung. Schwieriger wird es im Bereich der Methodenkompetenz und problematisch bei der Sozial- und Persönlichkeitskompetenz: Soll der gesuchte Vertriebsbeauftragte eine gute Kombinationsgabe oder ein gutes logisches Denkvermögen haben? Muss er stark belastbar sein und evtl. flexibel und durchsetzungsstark? Sind Selbständigkeit und Initiative als Einzelkämpfer gefragt oder eher teamorientierte Verhaltensweisen? Und wenn ja, in welchem Umfang sind diese Merkmale gefordert?

Diese Fragen sind selbst von Fachleuten (z.B. Arbeitspsychologen) nur ungenau zu beantworten. Es ist daher verständlich, dass der Praktiker nur zu gerne nach plausiblen Rezepten sucht, die ihm „lediglich" gesunden Menschenverstand und die ohnehin vorhandene Menschenkenntnis abverlangen. Dies manifestiert sich dann in sog. Idealprofilen, wie sie vielfach in populärwissenschaftlichen Publikationen der Beratungsszene zu finden sind (vgl. Abb. 8, Hoffacker, 1988, S. 106). Zudem weiß man als Verkaufsleiter doch, welche Statur ein Verkäufer haben muss! Spätestens hier ist Skepsis angesagt. Der „ideale" Verkäufer ist bis heute nicht gefunden worden, das Idealprofil einer Führungskraft gibt es ebenfalls nicht. Sehr deutlich wird diese Tatsache bei den unternehmensrelevanten Anforderungen. Ein Unternehmen kann hohe soziale Anforderungen (z.B. Teamfähigkeit) fordern, weil es sich zur teamorientierten Arbeitsorganisation bekennt und die neue Fertigungstechnologie dies auch verlangt. In Unternehmen mit starker Vertriebsorientierung wird mehr die Philosophie des Einzelkämpfers vertreten.

Unterschiedliche Unternehmenskulturen und die sie tragenden Riten, Normen und Verhaltensweisen stellen an die Einstellung und die Werthaltung der einzelnen Mitarbeiter unterschiedliche Anforderungen. Typisch ist dies für Unternehmen mit besonders ausgeprägter Unternehmenskultur, ob es sich um Computerfirmen bzw. Dienstleister, wie beispielsweise IBM, Hewlett-Packard oder um Automobilhersteller, wie zum Beispiel BMW, Mercedes-Benz oder Volkswagen handelt.

Eine andere Gruppe von Anforderungsarten ist abhängig von den unternehmerischen Zielsetzungen. Hierzu gehören beförderungsrelevante Anforderungen an Führungsnachwuchskräfte oder spezielle Anforderungen, wenn zum Beispiel vom Positionsinhaber eine Verbesserung einer ungenügenden Leistung eines Bereiches, die Sanierung eines Unternehmens oder die Erreichung von bestimmten Expansionszielen erwartet wird. Darüber hinaus ist zu bedenken, dass Ideal- oder Standard-Profile von einer statischen Eigenschaftskonzeption ausgehen, künftige Veränderungen in den Anforderungen also nicht berücksichtigen. Diese Annahme war für die handwerklichen Fertigungsstrukturen des Mittelalters zutreffend, heute ist sie falsch. Die Halbwertzeit des Wissens wird immer kürzer; neue Berufe entstehen, alte verschwinden.

Die Anforderungsermittlung muss **positions**- und **unternehmensspezifisch** d.h. **ganzheitlich** - erfolgen. Die hierfür von der Arbeitspsychologie und Arbeitswissenschaft angebotenen Verfahren (wie FAA: Fragebogen zur Arbeitsanalyse; „Position Analysis Questionnaire"; AET: Arbeitswissenschaftliches Verfahren zur Tätigkeitsanalyse; „Job Diagnostic Survey"; vgl. Ulich, 1991) sind dem Fachspezialisten vorbehalten und kommen in mittelständischen Unternehmen selten zum Einsatz. Wir schlagen daher ein pragmatisches Vorgehen vor, das sich an der Erfahrungswelt des Fachvorgesetzten orientiert und von seiner intimen Kenntnis und Einschätzung der Arbeitssituation profitiert (siehe Abb. 20).

Abb. 20: Die Anforderungsermittlung in mehreren Schritten

Schritt 1:	**Festlegung der Zielposition oder -ebene**
Schritt 2:	**Analyse der Tätigkeiten und Aufgaben der Zielperson**
Schritt 3:	**Sammlung von typischen „kritischen Vorfällen“ und Ermittlung der personellen und nicht personellen Einflussfaktoren für den Positionserfolg**
Schritt 4:	**Feststellung erfolgreicher Verhaltensweisen zur Bewältigung der „kritischen Vorfälle“**
Schritt 5:	**Zusammenfassung und Zuordnung der Verhaltensweisen zu Anforderungskriterien**
Schritt 6:	**Gewichtung der Anforderungskriterien hinsichtlich ihres Stellenwertes für die Zielpersonen**

Quelle: Zapp & Partner Management Consulting

Ausgangspunkt ist die Sammlung von Arbeitssituationen und die Art der Bewältigung. Diese „Situationsanalyse“ geht von einem einfachen Grundgedanken aus: Wenn ein Positionsinhaber erfolgreich sein will, muss er in relevanten Situationen Erfolg haben. Der erste Schritt der Situationsanalyse besteht entsprechend darin, Situationen der Position, also Ereignisse am Arbeitsplatz zu sammeln. Dies erarbeitet nicht der Sozialwissenschaftler, sondern der Linienvorgesetzte, der die zu besetzende Position gut kennt.
Er notiert in einem Situationstagebuch über zwei bis drei Wochen

- was die Situation ausgelöst hat
- wer an der Situation beteiligt war
- auf welche Zielsetzung hin die Situation zu bewältigen ist
- welche Konsequenzen ein Scheitern in dieser Situation nach sich ziehen würde

Abbildung 21 zeigt hierzu ein konkretes Beispiel eines Marktleiters. Das Beispiel zeigt die konkrete Arbeitssituation als Ausgangslage und dient als Basis zur konkreten und korrekten Situationsanalyse.

Abb. 21: Beispiel „Situationssammlung"

Situation:	Der Marktleiter befindet sich in einer Situation, in der die Personaleinsatzplanung durcheinander geraten ist und er für eine reibungslose Abwicklung der anfallenden Arbeiten sorgen muss.
Auslöser:	Erkrankung von Mitarbeitern bei hohem Arbeitsaufwand in dieser Abteilung.
Beteiligte:	Marktleiter, AL-food, AL-non-food
Zielsetzung:	• Bewältigung der Arbeitsmenge • Erreichung des für den Markt tragfähigsten Kompromisses ohne dabei einen der beiden AL zu frustrieren.

Quelle: Zapp & Partner Management Consulting und Prof. Dieter Zimmer

Die Situationsanalyse kann zum einen durch einen Workshop mit erfahrenen Führungskräften und Personen die relevante Schnittstellen mit der Position haben durchgeführt werden oder zum anderen durch Selbstbeobachtung erfahrener Führungskräfte die ein „Arbeitstagebuch" führen ermittelt werden (siehe Abb. 22).

Abb. 22: Beispiel für das Situationstagebuch

Bereich	**Funktion**
Ich habe mich heute in einer Situation befunden, in der ich.......	*mit einem Abnehmer über neue Konditionen verhandeln musste*
Diese Situation ist ausgelöst worden durch ...	*den Kostendruck, der auf dem Abnehmer lastete*
An dieser Situation waren beteiligt......	*der Handlungsbevollmächtigte des Abnehmers und ich*
In dieser Situation sollte erreicht werden, dass.....	*der Abnehmer sich bei uns in guten Händen weiß und unsere*
Durch diese Situation erreicht werden, dass......	*wie eine Lösung erreichen, die beide Interessen ausgewogen berücksichtigt, so dass der Kunde nicht zur Konkurrenz geht*
Wenn diese Situation nicht erfolgreich bewältigt wird, sind folgende Konsequenzen wahrscheinlich....	• *Verlust eines wichtigen Kunden* • *Auslastungsprobleme* • *möglicherweise beeinflusst, dieser Kunde andere Kunden*

Quelle: Zapp & Partner Management Consulting und Prof. Dieter Zimmer

Anschließend sind die Strategien zu ermitteln, mit denen die jeweiligen Situationen unter Normalbedingungen wie auch unter erschwerenden Bedingungen erfolgreich zu bewältigen sind. Danach sind unter den Bewältigungsstrategien die zentralen Elemente herauszufiltern. Das sind jene Verhaltensweisen, die der Positionsinhaber zeigen sollte, will er die Situation beherrschen. Aus den zentralen Elementen werden die Kernanforderungen abgeleitet. Alle Situationen, die über die gleichen Kernanforderungen verfügen, werden zu einer Situationsklasse zusammengefügt (siehe Abb. 23).

Abb. 23: Von der Situation zur Situationsklasse

Situation	**Anfallende Arbeit in einer Abteilung muss bei durcheinander geratener Personaleinsatzplanung reibungslos abgewickelt werden**
Auslöser	Erkrankung von Mitarbeitern bei hohem Arbeitsanfall in dieser Abteilung
Beteiligte	Marktleiter, 2 Abteilungsleiter
Zielsetzung	• Bewältigung der Arbeitsmenge • Erreichung eines Kompromisses ohne dabei einen der beiden AL zu frustrieren
Elemente der Bewältigungsstrategien unter Normalbedingungen	• Beiden AL erklären, wodurch die Personaleinsatzplanung durcheinandergeraten ist • Beide AL um Vorschläge bitten, wie solch ein Problem zukünftig vermieden werden kann
Erschwerende Bedingungen	• AL können sich untereinander nicht einigen • Der "abgebende" AL musste schon häufig Mitarbeiter abgeben; er weiß, dass seine MA sagen: " mit Ihnen kann man das ja machen".
Zusätzliche Elemente bei erschwerenden Bedingungen	• Jeden AL auffordern, seine Gründe offenzulegen, warum keine Einigung zustande kam • Mit den Betroffenen diskutieren, wie ein Kompromiss aussehen könnte
Zentrale Elemente	• Beide AL um Vorschläge bitten, wie solch ein Problem zukünftig vermieden werden kann • Mit den Betroffenen diskutieren, wie ein Kompromiss aussehen könnte
Situationsklassen	• **Gemeinsam mit anderen in kurzer Zeit Lösungen erarbeiten** • **Mit anderen einen tragfähigen Kompromiss erarbeiten**

Quelle: Zapp & Partner Management Consulting und Prof. Dieter Zimmer

Die Arbeiten können in einem Analyse-Workshop geleistet werden. An ihm nehmen erfahrene Inhaber der spezifischen Position bzw. Positionsfamilie sowie Personen teil, die relevante Schnittstellen mit der Position haben.

Die Situationsklassen entsprechen den Kernanforderungen der Position (siehe Abb. 24).

Derartige Workshops sind auch hervorragend dazu geeignet, die Soll-Kompetenzen zur Umsetzung von Zukunftsstrategien zu ermitteln. Neuartige Positionsbilder für Schlüsselpositionen können simuliert und adäquate Bewältigungsstrategien entwickelt werden. Diese Soll-Kompetenzen bilden dann die Messkriterien für die Einschätzung der Bewerber.

Abb. 24: Situationsklassen = Kernanforderungen

- Wirkungsvolle Maßnahme entwickeln
- Mit anderen Probleme unter Zeitdruck und inhaltlich angemessen bearbeiten
- Komplexe Probleme analysieren und zu angemessen Lösungen kommen
- Sachgerechte Entscheidungen treffen
  - ➢ unter Zeitdruck / ohne Zeitdruck
  - ➢ bei ausreichender / unzureichender Informationsbasis
  - ➢ bei Routineaufgaben / bei innovativen Aufgaben
- Auf Forderungen reagieren
- Divergente Standpunkte so integrieren, dass ein tragfähiger Kompromiss erreicht wird
- Andere für eine Idee gewinnen
- Andere für eine Idee / Verhaltensweisen begeistern
- Auf überraschende Probleme situationsadäquat reqieren

Quelle: Zapp & Partner Management Consulting und Prof. Dieter Zimmer

Es hat sich als zweckmäßig erwiesen, die Anforderungen nach „Muss"- und „Wunsch" - Anforderungen zu unterscheiden. „Mussanforderungen" sind für die Position unverzichtbar. Ein Bewerber, der ihnen nicht genügt, scheidet sofort aus dem Auswahlprozess aus. „Wunschanforderungen" sind erwünscht; sie entscheiden darüber, welcher der im Auswahlprozess verbliebenen Bewerber „gewinnt". Sie können gegebenenfalls nachträglich durch entsprechende Entwicklungsmaßnahmen im erwünschten Umfange erworben werden. Wir haben eingangs darauf hingewiesen, dass der Mitarbeiter in ein vielfältiges Beziehungsgeflecht eingebunden ist. Die Wahrnehmung der Beziehungen, ihre subjektive Einschätzung durch den Mitarbeiter bestimmen für ihn die Qualität des Arbeitslebens und damit seine Leistungsbereitschaft. „Das Selbstverständnis als Konzept der eigenen Person entwickelt sich im Rahmen lebendiger Beziehungen zum anderen, zum Kollektiv (als Gruppe, Abteilung, Unternehmung), zur eigenen Tätigkeit und zu den Ergebnissen des Handelns." (Müller/Widmer,1989, S. 81)

Beim Eintritt in ein Unternehmen wird der Mitarbeiter sich ein neues Beziehungsgefüge aufbauen müssen, will er seine Identität im neuen Umfeld finden. Der Bewerber wird sich also fragen

- ➔ Kann ich eine positive Beziehung zu dem aufbauen, was die Philosophie dieses Unternehmens ausmacht?
- ➔ Kann ich von den prägenden Persönlichkeiten des Unternehmens, wie auch von meinem zukünftigen Vorgesetzten Orientierung, Zukunftsentwicklung, Akzeptanz für meine Wertvorstellungen erfahren?
- ➔ Trifft der angebotene Arbeitsplatz meine Sinnerwartungen? Kann ich eine positive Beziehung zum Ergebnis meiner Tätigkeit aufbauen?
- ➔ Erlaubt mir die neue Arbeitssituation, die Vorstellungen meines zukünftigen Vorgesetzten, meine Sinnerwartungen zu realisieren?

In den traditionellen Anforderungskatalogen tauchen derartige Aspekte nicht auf. Sie sind kaum in operationale Messkriterien zu transformieren. Sinnpotential einer Tätigkeit ist eine subjektive Größe; Selbstverständnis muss jeder für sich selbst finden. Trotzdem muss der Fachvorgesetzte sich bereits vor der Auswahlentscheidung Gedanken darüber machen, welche Beziehungsmuster er den Bewerbern anbieten kann. Antworten auf die oben genannten Fragen sind in den Vorstellungsgesprächen zu finden, in denen der Fachvorgesetzte als wichtigster Beziehungspartner Informationen zur Eigenart von Unternehmens- und Führungskultur vermitteln und aus der Art des Dialogs Rückschlüsse über die angestrebten Beziehungsmuster des Bewerbers ziehen kann. Hilfreich ist es sicher, wenn ihm dazu quantitative und qualitative Daten zur erwünschten oder realen Unternehmenskultur vorliegen.

3.3 Kompetenzen der Bewerber (Kompetenzmodell)

Basis jeder Auswahlentscheidung ist das bereits dargestellte Anforderungsprofil. Auswahlentscheide sind Urteile über die Kompetenzen mehrerer Bewerber zur Besetzung einer Stelle. Wir benötigen also Messkriterien, die den „zur Stelle passenden“ von dem für die Stelle ungeeigneten Kandidaten trennen sollen. Diese Messkriterien fasst man in „Anforderungsprofilen“ zusammen.

Im Rahmen der Anforderungsanalyse ist es hilfreich sich des heuristischen Kompetenzmodells von Hülshoff zu bedienen. Gerade im Rahmen der Ganzheitlichkeitsdiskussion bietet es die Möglichkeit, viele Aspekte, die die Stelle beinhaltet, zu erfassen.

Auch das Human Resource Management (HRM) kann einen Beitrag zu einer effizienten Erreichung der strategischen Unternehmensziele leisten (vgl. Abb.25). Das strategische Kompetenzmanagement hat die Aufgabe, die Kompetenzen der Mitarbeiter herauszufinden, zu beschreiben und transparent zu machen. Darauf aufbauend soll die Nutzung und Entwicklung der Kompetenzen hinsichtlich der strategischen Unternehmensziele sichergestellt werden. Nicht zuletzt daraus lässt sich auch die besondere Bedeutung der Personalentwicklung und Personalbeschaffung ableiten.

Abb. 25: Wertschöpfende Leistungen des Human Resource Management

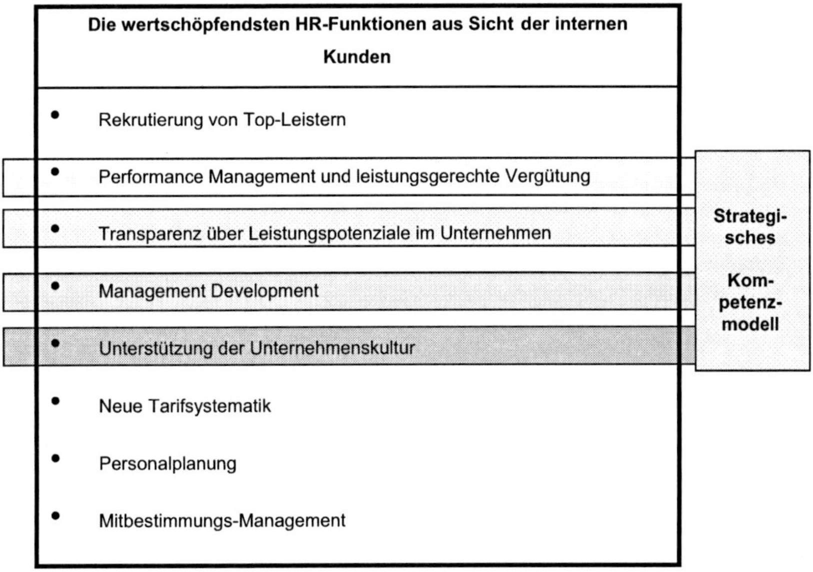

Die wertschöpfendsten HR-Funktionen aus Sicht der internen Kunden
Rekrutierung von Top-Leistern
Performance Management und leistungsgerechte Vergütung
Transparenz über Leistungspotenziale im Unternehmen
Management Development
Unterstützung der Unternehmenskultur
Neue Tarifsystematik
Personalplanung
Mitbestimmungs-Management
Strategisches Kompetenzmodell

Quelle: Zapp & Partner Management Consulting

Das strategische Kompetenzmanagement umfasst verschiedene Stufen:

1. Entwicklung eines Kompetenzmodells:
Die Grundlage hierfür bildet eine detaillierte Anforderungsanalyse, in der Kriterien zur Bewertung der aktuellen Leistung und des zukünftigen Personals herausgearbeitet werden. Ergebnis ist dann ein unternehmensspezifisches Kompetenzmodell, das die Anforderungen an unterschiedliche Funktionsgruppen beschreibt.

2. Beurteilung der Mitarbeiter:
Die Beurteilung der Mitarbeiter erfolgt anhand von Instrumenten die auf dem Kompetenzmodell basieren (Selbst-/Vorgesetzteneinschätzung, Potentialanalyse, Management Audit). Ergebnis sind individuelle Ergebnisberichte über die Potentialeinschätzung der einzelnen Mitarbeiter.

3. Managementkonferenz:
Die Führungskräfte diskutieren gemeinsam über die vorliegenden Einschätzungen der nachgeordneten Ebene und die Gesamtsituation des Unternehmens (Altersstruktur, Personalbedarf, Nachfolgebedarf, Fluktuationswahrscheinlichkeit). Wesentlicher Bestandteil ist die Gegenüberstellung der vorhandenen Mitarbeiterleistungen –und potenziale mit der Personalsituation des Gesamtunternehmens.

4. Maßnahmenplanung:
Ergebnis der Managementkonferenz sind validierte Einschätzungen der Mitarbeiter daraus abgeleitete Förderungs-, Entwicklungs-, Bindungsmaßnahmen und eine konkrete Karriere –und Nachfolgeplanung. Die vereinbarten Maßnahmen werden in individuellen Steckbriefen der Mitarbeiter, Nachfolgeplänen und Versetzungs-/ Besetzungslisten festgehalten und nachhaltig gepflegt.

Kompetenzbereiche:

- **Fachkompetenz** bedeutet fachliches Wissen zu besitzen, fachliches Wissen situationsgerecht umsetzen zu können und bereit sein zum fachlichen Engagement. Die Fachkompetenz ist erforderlich für die Gestaltung, Steuerung, Untersuchung und Absicherung von Vorgängen, Prozessen und Abläufen im Unternehmen.

- **Sozialkompetenz** bedeutet, Gedanken, Gefühle, Einstellungen wahrnehmen zu können: Sich situations- und personenbezogen verständigen zu können und Bereitschaft zur Verständigung. Sie ist erforderlich für die Menschenführung, die Kommunikation, die Entwicklung von Gemeinschaften und die Persönlichkeitsentwicklung in Vorgängen, Prozessen und Abläufen im Unternehmen.

- **Persönlichkeitskompetenz** bedeutet ein realistisches Selbstbild zu haben, der eigenen Überzeugung nach handeln zu können und bereit zu sein zur sozialen Verantwortung. Auch die Persönlichkeitskompetenz ist erforderlich für die Menschenführung, Kommunikation, Entwicklung von Gemeinschaften und Persönlichkeitsentwicklung in Vorgängen, Prozessen und Abläufen im Unternehmen.

- **Methodenkompetenz** beinhaltet zu wissen, welcher Weg einzuschlagen ist, diesen Weg gehen zu können und bereit zu sein, diesen Weg zu gehen. Methodenkompetenz ist in gleicher Weise wie Fachkompetenz notwendig für die Gestaltung, Steuerung, Untersuchung und Absicherung von Vorgängen, Prozessen und Abläufen im Unternehmen.

Bei der Ermittlung des Anforderungskatalogs sind drei Aspekte wichtig:

- Die Anforderung sollte nicht nur formuliert werden, sondern es ist gleichzeitig zu diskutieren, inwieweit man diese Anforderung, z.B. in einem Interview, messen kann. Kommunikation als eine notwendige Sozialkompetenz zu klassifizieren ist relativ einfach, doch wie kann man feststellen, ob der Bewerber sie im ausreichenden Maß besitzt und situationsgerecht anwenden kann?

- Des Weiteren ist zu fragen, welche Potenziale benötigt der Bewerber, um die Position auch in Zukunft erfolgreich zu besetzen? Hinzuweisen ist z.B. auf die Funktion des Personalmanagers. Früher wurde nur der Personalverwalter benötigt. Wie viele dieser Verwalter blockieren heute ein konstruktives Personalmanagement? Bei der Festlegung der Anforderungen werden vielfach zukünftige Potentiale nicht berücksichtigt.

- Erfolg in einer Organisation hängt von den ausreichenden Kompetenzen und Potentialen einer Person ab, aber nicht nur! Neben dem Blick auf die Kompetenzen des Bewerbers ist es notwendig zu prüfen, inwieweit der Bewerber in das neue Umfeld passt. Ein fehlender Abgleich kann die Eingewöhnung in die neue Organisation von Seiten des Bewerbers erschweren. In einer konservativen Organisation könnte z.B. der Familienvater, der exzellente Leistungen bringt, allerdings auch Wert auf einen nicht so „ausgedehnten" Arbeitstag legt, Probleme bekommen.

Ein hohes Maß an Kompetenz in allen vier Bereichen (Fachkompetenz, Sozialkompetenz, Persönlichkeitskompetenz und Methodenkompetenz) sichert zwar nach aller Wahrscheinlichkeit den Erfolg, dennoch können die Umwelteinflüsse der neuen Organisation, das Lebensumfeld und weitere Außeneinflüsse aus dem erfolgreichen einen weniger erfolgreichen Mitarbeiter machen.

Dessen sollte sich der Personalverantwortliche bewusst sein. Aus diesem Bewusstsein resultieren auch ethische Aspekte, die in der Arbeit des Personalmanagers oder Auswahlentscheiders ihre Berücksichtigung finden sollten.

Abb. 26: Strategisches Kompetenzmodell - Personalentwicklung schafft integriertes Kompetenzmanagement

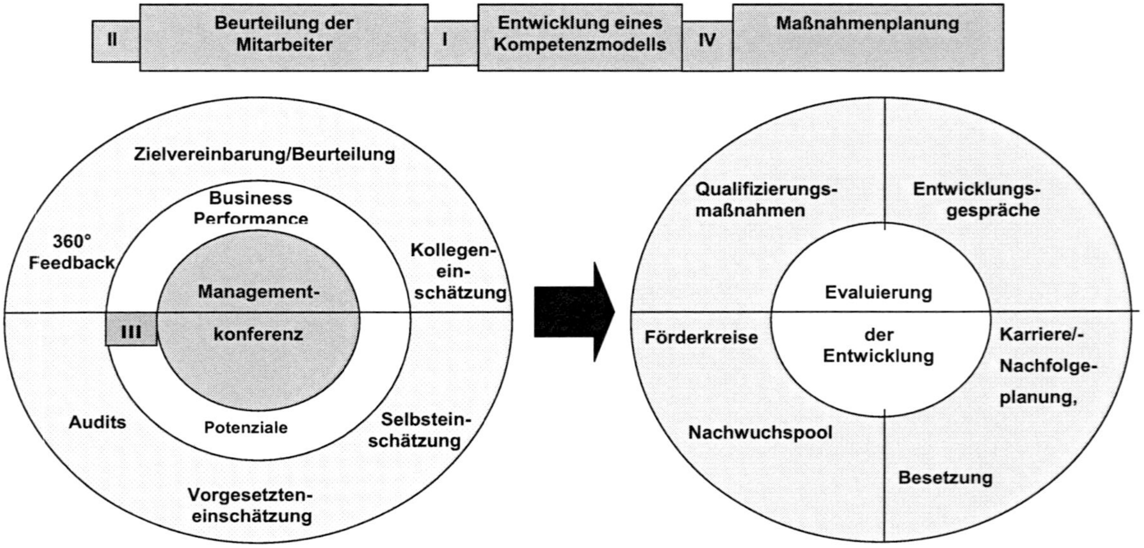

Quelle: Zapp & Partner Management Consulting

Erfolgsparameter eines Kompetenzmodells:
Damit das Kompetenzmodelle erfolgreich sein kann müssen verschiedene Parameter vorliegen:

- Die Kompetenzanforderungen müssen sehr konkret formuliert sein und somit ein einheitliches Verständnis ermöglichen.
- Die Kompetenzen müssen sich an den wichtigsten, über Erfolg und Misserfolg entscheidenden Aufgaben des Geschäfts orientieren.
- Möglichst breitflächige Einbindung von Entscheidungs- und Verantwortungsträgern in die Entwicklung von Kompetenzanforderungen.
- Die Kompetenzen müssen gleichermaßen stichhaltige Aussagen über die Höhe des aktuellen Leistungsstandes wie über das persönliche Wachstumspotential zulassen.
- Die erhobenen Kompetenzen müssen einen unmittelbaren Schluss auf notwendige Entwicklungsmaßnahmen zulassen.
- Pragmatische Handhabbarkeit eines später darauf fußenden Beurteilungssystems.
- Klare Unterscheidung zwischen Wissen-, Fähigkeits- und Persönlichkeitskompetenzen (Wissen, Können, Wollen).

Abb. 27: Klassische Quellen der Kompetenzerhebung

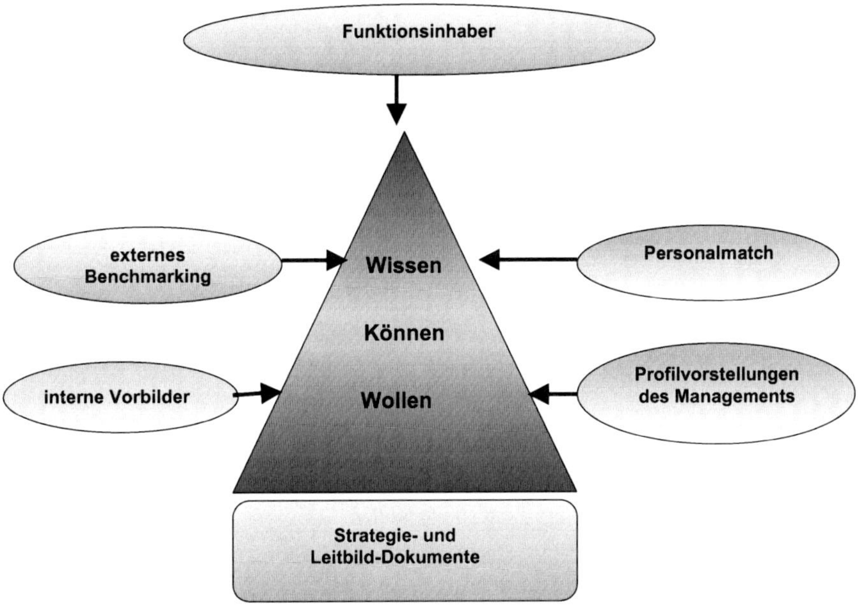

Quelle: Zapp & Partner Management Consulting

4 Personalbeschaffungswege

Grundsätzlich lassen sich zwei Wege der Personalbeschaffung unterscheiden: Die *interne* (innerbetriebliche) sowie die *externe* (außerbetriebliche) Personalbeschaffung. Bei der innerbetrieblichen Personalbeschaffung wird versucht den primären Bedarf intern, also mit eigenen Mitarbeitern zu besetzen, während man bei der außerbetrieblichen Personalbeschaffung auf Personen außerhalb des Unternehmens zurückgreift. Gegenüber der internen Personalbeschaffung bietet die externe Personalbeschaffung grundsätzlich mehr Möglichkeiten. Zu unterscheiden sind die direkte Personalbeschaffung, also der unmittelbare Kontakt zwischen Unternehmen und Bewerber, z.B. in Form von Stellenanzeigen und die indirekte Personalbeschaffung, die bspw. durch die Einschaltung eines Personalberaters gekennzeichnet ist.

4.1 Ansprache geeigneter Kandidaten

Bevor die Auswahl geeigneter Kandidaten erfolgen kann, muss das Unternehmen klären inwieweit interne gegenüber externen Kandidaten für die neue Aufgabe in Frage kommen.

Innerbetriebliche Personalbeschaffung

Die innerbetriebliche Bedarfsdeckung lässt sich häufig ohne Personalbewegung durch Mehrarbeit oder Überstunden bewältigen. Verlängerung der betrieblichen Arbeitszeit und Urlaubsverschiebungen bieten weitere Möglichkeiten. Häufig sind auch Mitarbeiter bereit, ihre Verträge von Teilzeit auf Vollzeit umzustellen. Innerbetrieblich kann man durch folgende Maßnahmen Mitarbeiter rekrutieren:

- Innerbetriebliche Bewerbungen
- Vorschläge durch Führungskräfte
- Gezielte Personalentwicklung (z.B. job rotation, Trainees, etc.)
- Übernahme von Auszubildenden

Vorteile:

- ➔ Eröffnung von Aufstiegschancen (Förderung der Motivation)
- ➔ I.d.R. geringe Beschaffungskosten
- ➔ Hervorragende Betriebskenntnisse
- ➔ Stärken- und Schwächen-Profil des Mitarbeiters ist grundsätzlich bekannt
- ➔ Einhaltung des betrieblichen Entgeltniveaus
- ➔ Schnellere Stellenbesetzung möglich

Nachteile:

- ➔ Weniger Auswahlmöglichkeiten
- ➔ Gegebenenfalls hohe Fortbildungskosten
- ➔ Mögliche Betriebsblindheit
- ➔ Enttäuschung bei Kollegen
- ➔ Zu starke kollegiale Bindungen
- ➔ Nachlassende Mitarbeitermotivation aufgrund von Beförderungsautomatik

Außerbetriebliche Personalbeschaffung

Bei der außerbetrieblichen Personalbeschaffung können folgende grundlegende Vor- und Nachteile festgehalten werden:

Vorteile:
- → Breite Auswahlmöglichkeit
- → Neue Impulse für den Betrieb
- → Neue Kenntnisse des Externen aus anderen Bereichen
- → Leichtere Anerkennung des neuen Mitarbeiters
- → Die Einstellung löst den Personalbedarf direkt
- → I.d.R. schnelle Verfügbarkeit

Nachteile:
- → Größere Beschaffungskosten
- → Hohe externe Einstellungsquote fördert die Fluktuation
- → Negative Auswirkung auf das Betriebsklima
- → Keine Betriebskenntnisse
- → Die Stellenbesetzung ist zeitaufwendiger
- → Blockierung von Aufstiegsmöglichkeiten

4.2 Externe Personalbeschaffungswege

Maßnahmen zur außerbetrieblichen Bedarfsdeckung

Bei der außerbetrieblichen Personalbesetzung erfolgt die Besetzung i.d.R. durch eine:

- Auswertung der Bewerber in einer Vormerk-Datei
- Analyse der Selbstinserate in den unterschiedlichen regionalen und überregionalen Zeitschriften
- Stellenanzeigen
- Unterstützung durch die Arbeitsagenturen, örtlich durch die zuständige Arbeitsagentur und überregional durch die Zentrale Arbeitsvermittlung (ZAV) für Fach- und Führungskräfte
- Zusammenarbeit mit externen Firmen, z.B. Werk- und / oder Zeitarbeitsverträge
- Berücksichtigung von Blindbewerbungen
- Werbung durch Betriebszugehörige
- Personalberater / Headhunter

Die aktive externe Personalbeschaffung gibt die Möglichkeit, zukünftige Mitarbeiter direkt anzusprechen. Dabei bedarf es der Auswahl der geeigneten Methode.

4.2.1 Personalbeschaffung über Personalberater

Wenn ein Unternehmen sich dafür entscheidet, externe Hilfen bei der Personalbeschaffung in Anspruch zunehmen, greift es auf einen sogenannten Personalberater zurück. Die typischen Aktionsfelder der Einbindung eines Personalberaters sind:

- Top-Positionen (Vorstände, Geschäftsführer)
- Mittleres und gehobenes Management (Abteilungsleiter)
- Hochqualifizierte Fachkräfte (EDV, Vertrieb)
- Hochschulabsolventen (Rekrutierungsmessen)

Der Personalberater kann dem Unternehmen in mehrfacher Hinsicht Unterstützung anbieten. Hierbei ist der Full-Service wohl die gängigste Art der Hilfestellung. Sie beinhaltet:

- Die Umfeldanalyse im Unternehmen
- Die Erstellung des Eignungsprofils
- Systematische Marktansprache
- Telefonische Bewerberinformationen
- Selektion und Beurteilung
- Kandidateninterview /-report
- Referenzcheck
- Präsentationen von Kandidaten
- Auswahlinstrumente
- Administration
- Integrationsservice inkl. Garantie (bei Kündigung während der Probezeit, eine neue Kandidatensuche ohne Mehrkosten für das Unternehmen und Betreuung des gekündigten Kandidaten).

Hier liegen auch die Stärken eines Personalberaters (Headhunters). Wichtig bei der Auswahl eines Headhunters sind die Fragen:

- Welche Erfahrungen hat er im Bereich Personalmanagement (war er selbst Personalmanager oder z.B. Verkäufer – Wenn sie krank sind gehen Sie zum Arzt oder gehen Sie zum Automobilverkäufer?). Die Mehrzahl der Personalberater hatte bis dato noch nie was mit dem Bereich Personalmanagement zu tun.
- Wer arbeitet bei diesem Auftrag mit und wer hat die Projektverantwortung (Mitarbeiter vorstellen lassen und die Qualitäten und Branchenkenntnisse überprüfen – sehr oft werden hier Hochschulpraktikanten eingesetzt).
- Erfolgsabhängige Vergütung inkl. Garantieleistung vereinbaren.
- Die entstehenden Nebenkosten im Vorfeld abstimmen.
- Internetauftritte geben keine Gewähr ob der Headhunter wirklich sein „Handwerk" versteht. Einige geben Büros an, die eigentlich Wohnzimmer sind.
- Mindestens drei Referenzen bei Kunden des Headhunters einholen.

Für die beiden folgenden Einsatzmöglichkeiten eines Personalberaters sind weniger praktische Einsatzfelder denkbar. Sie dienen in der Regel dazu, die „Taschen" des Personalberaters zu füllen. Denn diese Tätigkeiten sind im eigenen Unternehmen besser und preiswerter durchzuführen. Es handelt sich hierbei um folgende Möglichkeiten:

Eine eher passive Verfahrensbeteiligung:

- Anzeigenschaltung und Bearbeitung der eingehenden Bewerbungen
- Telefonische Bewerberinformation
- Vorselektion und Beurteilung
- Absageservice

Bei rein administrativer Beteiligung

- Sammlung der eingehenden Bewerbungen
- Dokumentation der Bewerbungsunterlagen
- Absageservice

Generell lässt sich festhalten, dass die Einbindung eines Personalberaters eine durchaus interessante Alternative ist (Abb. 28).

Außerdem ist es auch durchaus finanziell günstiger, eine Personalbesetzung mit einem Personalberater / Headhunter durchzuführen. Folgendes Preis-/ Leistungsverhältnis stellt dies exemplarisch dar:

Preis-/ Leistungsvergleich zur konventionellen Anzeigenschaltung

Jahresbruttogehalt des Mitarbeiters € 70.000,--	
Gestaltung der Anzeige / Layout	*ca. € 1.500,--*
Schaltung der Anzeige (z.B. FAZ, Format 186 breit x 250 hoch)	*ca. € 13.000,--*
Bearbeitung von 450 Bewerbungen (pro Bewerbung 8 Min. à € 0,80)	*ca. € 2.880,--*
Absage von 400 Bewerbungen, 50 in der engeren Wahl	
Rücksendung von 400 Bewerbungen (8 Min à € 0,80	*ca. € 2.560,--*
Porto 400 Briefsendungen (A4 à € 1,44)	*ca. € 576,--*
50 Telefoninterviews inkl. Vorbereitung à 30 Min.	*ca. € 1.200,--*
15 Erstgespräche inkl. Vor- und Nachbearbeitung à 120 Min.	*ca. € 1.440,--*
4 Zweitgespräche à 120 Min. (Personal- und Fachbereich)	*ca. € 960,--*
2 Drittgespräche à 120 Min. (Fachbereich)	*ca. € 288,--*
49 Rücksendungen der Unterlagen (pro Bewerbung 8 Min. à 0,80)	*ca. € 400,--*
Summe der Kosten für die Suche eines Mitarbeiters per Anzeige	***ca. € 25.000,--***

Kosten einer Direktansprache:

Honorarkosten (23 % von € 70.000,--)	*ca. € 16.100,--*
Sachkosten und Spesen (ca. 10% vom Honorar)	*ca. € 1.700,--*
Garantiekosten (Probezeit)	*inklusive*
Summe der Kosten über Direktansprache	***ca. € 18.000,--***

Somit ist die Zusammenarbeit mit einem Personalberater um fast 30 % preiswerter. Hinzu kommt auch, dass der Personalberater für seine Arbeit eine Garantie (in der Regel 6 Monate) ausspricht. Sollte das Unternehmen mit dem Kandidaten unzufrieden sein oder sollte es zu einer Trennung kommen, suchen die seriösen Personalberater einen neuen Kandidaten ohne Mehrkosten für den Mandanten.

Abb. 28: Weitere Gründe aus Kundensicht für Personalberatung oder Headhunting

	Dieter Vogel, Ex-Thyssen-Chef und Bertelsmann-Aufsichtsrat	**Hermann Sendele, Gesellschafter, Whitehead Mann GmbH**	**Jochen Zeitz, Vorstandsvorsitzender der Puma AG**
Was zeichnet einen guten Headhunter aus?	Ein exzellentes Netzwerk. Das ist jedenfalls bei den Headhuntern wichtig, die sich im obersten Segment des Manager-Arbeitsmarkts bewegen. Ein solcher Headhunter muss die Topmanager persönlich kennen und wissen, wer zu welchem Unternehmen passt.	Jede Menge an Einfühlungsvermögen und Verantwortungsbewusstsein. Und zwar nicht nur mit Blick auf seinen Auftraggeber, sondern auch gegenüber den gesuchten Managern, die ein guter Personalberater genauso intensiv berät wie seine Klienten. Nur so finden die richtigen zusammen.	Er muss die richtige Vorauswahl auf einige gute Kandidaten finden können. Dabei braucht er vor allem das nötige Fingerspitzengefühl, denn ein Kandidat muss nicht nur über fachliche Qualitäten verfügen, sondern auch zur Unternehmenskultur passen.
Was darf die Suche nach einem Manager kosten?	Ein Drittel von dem, was der gesuchte Kandidat in seiner neuen Position verdienen wird. Zusätzlich etwa 15 Prozent von dieser Summe als Spesenpauschale. Bei der Suche nach Führungskräften des mittleren Managements darf es auch ein Mindesthonorar sein, das über den genannten Sätzen liegt.	Die Honorarhöhe ist abhängig vom Schwierigkeitsgrad der Suche. Die Faustregel lautet: 33 Prozent der Gesamtbezüge, die der vermittelte Manager im ersten Jahr von seinem neuen Arbeitgeber erhält. Hinzu kommen Reisespesen. Diese rechnet der Personalberater nach Aufwand oder pauschal ab.	Das Honorar hängt vom Anforderungsprofil der vakanten Position ab. Wir bevorzugen Pauschalpreise mit Einstellungsgarantie. Auf diese Weise ist der Kunde vor unangenehmen Überraschungen geschützt. Wichtiger als die Honorarfrage ist für ihn, eine gute Auswahl an Kandidaten zu bekommen.

Quelle: Zapp & Partner Management Consulting

Die Personalberatung bietet sich auch an, wenn das Unternehmen in der Öffentlichkeit nicht erscheinen möchte oder der angesprochene Kandidatenkreis eine Direktansprache gewohnt ist.

Die Direktansprache hat sich seit den 20er Jahren aus den USA kommend weiterentwickelt. Sie ist die klassische Form einer vertraulichen Empfehlung eines Kandidaten.

Da diese Zielgruppe meist das obere Management repräsentiert und die Kandidaten in der „Sonne" des Arbeitslebens stehen, benötigt man hier eine andere, professionelle Ansprache.

Diese Methode empfiehlt sich, wenn ein eng definiertes Spezialistentum gefragt ist, bzw. wenn das Unternehmen vor der Situation steht, dass ein branchenspezifischer Mangel an potentiellen Bewerbern besteht. Unabdingbar wird der Einsatz, wenn es um Menschen geht, die sich lange Jahre erfolgreich in anspruchsvollen Aufgabenkategorien bewegt haben – denn sie glauben bekannt zu sein und wollen gefragt werden.

Daraus leiten sich Spielregeln, Verhaltensmuster und Entscheidungsprozesse komplexer Natur ab. Auf Seiten des Beraters geht es um ein besonders ausgeprägtes fachliches und menschliches Fingerspitzengefühl – um ein schnelles Erfassen sichtbarer und weniger sichtbarer Zusammenhänge; auf Seiten des Angesprochenen geht es um die Sicherheit absoluter Vertraulichkeit und um das Gefühl, mit einem ebenbürtigen Gegenüber zu sprechen.

Bei der Auswahl eines Personalberaters zur Direktansprache sollten man folgende Punkte hinterfragen:

- Professionalität als Personalberater
- Kenntnis der aktuellen Fach- und Führungsanforderungen
- Kenntnisse wichtiger Betriebe, Kontakte im Suchbereich
- Persönliche Durchführung des Suchauftrages
- Verbindlichkeit, Diskretion, souveränes Auftreten, Kreativität, Analytik
- Loyalität gegenüber Auftraggeber (Klienten- und Kandidatenschutz)
- Referenzen über den Searcher (nicht über des Beratungsunternehmen)

Des Weiteren gilt auch hier:

- Welche Erfahrungen hat er im Bereich Personalmanagement (war er selbst Personalmanager oder z.B. Verkäufer).
- Wer arbeitet bei diesem Auftrag mit und wer hat die Projektverantwortung.
- Erfolgsabhängige Vergütung inkl. Garantieleistung vereinbaren.
- Die entstehenden Nebenkosten festschreiben lassen.
- Internetauftritte geben keine Gewähr ob der Headhunter wirklich sein „Handwerk" versteht.
- Mindestens drei Referenzen bei Kunden des Headhunters einholen.

Wenn die Direktansprache das Interesse für die neue Position geweckt hat, beginnt der Berater die systematische Informationsaufbereitung über den Bewerber.

Dabei kommt dem Auswerten und Aufbereiten von Gesprächen, auch mit Referenzpersonen, eine Schlüsselbedeutung zu.

Obwohl dieser Prozess zeitaufwendiger und damit kostenintensiver ist als eine anzeigengestützte Personalsuche, empfiehlt es sich in manchen Fällen eine begleitende Personalanzeige, die das Suchfeld erweitert, zu schalten.

4.2.2 Stellenanzeigen

Trifft das Unternehmen die Entscheidung, dass zugunsten externer Suche die Stelle besetzt wird, stellt sich die Frage:

- Wo auf dem Markt (regional, national, international)?
- Auf welche Weise (z.B. Fach- oder Tagespresse, Internet)?
- Wann (Zeitpunkt der Anzeigenschaltung)?

Hierbei stellen die Stellenanzeigen das noch meistgenutzte Mittel zur Bekanntgabe einer zu besetzenden Stelle (Fach- und Führungspositionen) dar.

Abb. 29: Die Bedeutung der Medien

Medium	**gestern und heute**	**morgen***
Stellenanzeigen	40%	20%
Arbeitsbehörde	20%	10%
Blindbewerbungen	15%	20%
Mitarbeiterempfehlungen	15%	15%
Sonstige Beschaffungswege (insb. durch Personalberater und Jobbörsen)	10%	35%

* Schätzung von Zapp & Partner Management Consulting, 2004

Die Stellenanzeige ist die erste Visitenkarte des Unternehmens. Die Stellenanzeige muss einerseits Lust auf Mehr machen und andererseits das Profil der Stelle und der Eignungsvoraussetzung klar und konkret beschreiben. D.h., dass nicht nur Anmutsqualitäten die Stellenanzeige prägen sollten.

Bei der Suche nach dem Wunschkandidaten für ihr Unternehmen neigen Personalverantwortliche oft zu Übertreibungen. Stichworte wie Budget- und Mitarbeiterverantwortung, abwechslungsreiches Aufgabengebiet oder Überstundenausgleich werden herangezogen, um den Bewerbern die jeweilige Position schmackhaft zu machen.

Laut einer aktuelle Umfrage entpuppten sich in mehr als der Hälfte dieser Fälle derart angepriesene Jobs jedoch als Enttäuschung. Noch öfter als in Deutschland, erleben Kandidaten in Frankreich, dass der angebotene Job oft nicht das hält, was im Vorfeld versprochen wurde. Eine ähnliche Situation lässt sich auch in den Niederlanden erkennen.

Lediglich in Dänemark aber auch Norwegen bleiben die Personalverantwortlichen bei der Besetzung einer offenen Stelle bei der „Wahrheit".

Dies zeigt deutlich, dass hier Handlungsbedarf besteht und die Unterstützung durch externe Personalberater von Vorteil sein könnte.

Eine Stellenanzeige sollte immer fünf Bestandteile besitzen:

- Das Unternehmen
- Die Stelle und die Aufgabe
- Die Erwartungen an den neuen Stelleninhaber
- Das Eignungsprofil
- Die weitere Vorgehensweise
- Die konkreten Ansprechpartner

Dies hat für den Kandidaten den Vorteil, dass er überprüfen kann, ob er sich mit dem Unternehmen, den Produkten, der Stelle und Aufgaben identifiziert und ob er den Anforderungen an die Stelle gerecht wird.

Die anzeigengestützte Suche von Kandidaten durch einen Personalberater stellt noch einen Klassiker in der Personalsuche dar. Hierbei wird im Vorfeld mit dem Berater, das genaue Stellenprofil und das Anforderungs- bzw. Eignungsprofil erarbeitet. Aufgrund dessen wird eine Tageszeitung oder Fachzeitschrift ausgewählt, in der die betreffende Stellenanzeige geschaltet werden soll. Die Unternehmen für die gesucht wird, treten zunächst gar nicht als Auftraggeber auf. Denn diese Stellenanzeigen erscheinen oft unter dem Namen des Beratungsunternehmens. Ein großer Nachteil ist in der Kostenintensität zu sehen. Der Mandant zahlt die Anzeige und die Dienstleistung des Personalberaters, der durch die Anzeigenschaltung einen „einfacheren" Job hat. Auch ist die Qualität oft nicht die erwünschte wie bei der Direktansprache bei der genau die Damen und Herren angesprochen werden die auf der „Wunschzielfirmenliste" stehen und in den entsprechenden Positionen bereits tätig sind.

4.2.3 Personalbeschaffung über Internet

Kaum eine andere Branche verzeichnet solche Wachstumsraten wie die Kommunikationsindustrie.

Handelte es sich zu Beginn um ein reines Universitäts- und Forschungsnetz, entdecken heute immer mehr Unternehmen und Privatleute das Internet. Immer mehr kommerzielle Unternehmen drängen ins Netz, teils aus Gründen der Selbstdarstellung, teils, um mehr oder minder sinnvolle Dienstleistungen anzubieten.

Da im Internet die Möglichkeit besteht sehr schnell an alle möglichen Informationen heranzukommen, hat sich in letzter Zeit ein neuer Markt im Internet aufgetan: Der Stellenmarkt für Arbeitsplatzbietende und Arbeitsplatzsuchende. Tendenz rasant steigend. Neue Dienste, wie beispielsweise „job & adverts" oder „Jobbörse" gewinnen innerhalb einer Woche Hunderte von Angeboten.

Die Gründe für die Nutzung des Internets zur Suche von Personal oder eines Arbeitsplatzes sind vielfältig. Sowohl die Seite der Arbeitgeber als auch die Arbeitnehmer profitieren von Vorteilen wie den folgenden:

- Kaum ein anderes Medium zur Veröffentlichung von Stellenanzeigen bietet eine ähnliche Aktualität. Praktisch jede Minute ändert sich die Menge der Angebote und Gesuche

- Der Bestand an Stellenanzeigen ist trotz seiner Aktualität keine Momentaufnahme wie beispielsweise wöchentlich in der Zeitung. Die Inserate bleiben im Allgemeinen für einen längeren Zeitraum im Internet. Bei der ersten Suche nach einem Mitarbeiter oder einem Arbeitsplatz präsentiert das Internet gleich die gesamten Angebote aus der (näheren) Vergangenheit. Es besteht somit keine Notwendigkeit, zu festen Terminen oder in festen Intervallen in den Stellenmarkt des Internets zu sehen.

- Viele Angebote zum Veröffentlichen von Stellenanzeigen sind – auch für Unternehmen – noch kostenlos.

- Mit keinem anderen Medium kann man so günstig so viele potentielle Bewerber erreichen.

- Sowohl Stellensuchende als auch Unternehmen finden anspruchsvolle Zielgruppen im Internet.

Die größte Gefahr bei der Personalauswahl über Internet liegt in der Konformität der Bewerbungen. Aufgrund festgelegter Abfragefelder, fest vorgegebener Antwortmöglichkeiten geht jegliche Individualität einer Bewerbung verloren. Papier, Verpackung, Anschreiben, grafische Akzente, all das, was oftmals eine Bewerbung interessant macht fällt hier weg.

Auch die Fragen der Fälschungssicherheit und der Glaubwürdigkeit sind noch nicht ausreichend geklärt.

5 Personalauswahlmöglichkeiten und Verfahren

Die Bewerbungsunterlagen sind der erste Eindruck über den Bewerber. Sie sind die Visitenkarte. Ebenso ist im Gegenzug, die Eingangsbestätigung bzw. ein eventuelles Abschreiben an den Bewerber oder telefonische Kontakte von Seiten des Unternehmens Ausdruck über Gegebenheiten und Kultur des Unternehmens. Somit sind auch dies Aspekte die aus Sicht des Bewerbers und des Unternehmens passend, korrekt, schnell und ehrlich sein müssen.

5.1 Formale Aspekte aus Sicht des Unternehmens

Aus Sicht des Unternehmens sind die Bewerbungsunterlagen der erste Kontakt des Bewerbers mit dem Unternehmen. Die Bewerbungsmappe sollte der Position angemessen sein. Dies beginnt beim Erscheinungsbild geht über die inhaltliche Gestaltung bis hin zur lückenlosen Vollständigkeit der Bewerbungsunterlagen.

Die üblichen Bewerbungsunterlagen sollten enthalten:
- Individuelles Anschreiben
- Tabellarischer Lebenslauf
- Aktuelles Foto
- Zeugnisse, Urkunden, Bescheinigungen in beglaubigter Form

Was die Bewerbungsunterlagen aussagen können zeigt folgende Übersicht:

Abb. 30: Aussagekraft von Bewerbungsunterlagen

Unterlagenart	Augenfällig	Interpretation
Briefumschlag	Wie frankiert, aus anderem Unternehmen?	Ehrlichkeit, Loyalität
Anschreiben	Original, Form, Inhalt, Aufbau, Stil, Rechtschreibung	Ausdrucksfähigkeit, Sorgfalt, geistiges Potential
Lebenslauf	Soziales und privates Umfeld, Schulen, Ausbildung (Dauer), Arbeitsplätze, Häufigkeit der Wechsel, evtl. Lücken	Engagement, Zielstrebigkeit, Mobilität, Flexibilität
Zeugnisse Schule	Halbjahreszeugnisse, Endzeugnisse, Anzahl Fehltage	Engagement, Flexibilität
Berufsausbildung	Dauer, anerkannte Arbeitgeber, Hochschulen, Professoren	Zielstrebigkeit
Zeugnisse Arbeitgeber	Image des Arbeitgebers, Groß- bzw. Kleinbetriebe, Zeugniscode, Hervorheben von Nebensächlichkeiten (Pünktlichkeit)	Leistungsverhalten, Sozialverhalten, Integrationsfähigkeit
Fort- und Weiterbildung	In der Arbeitszeit bzw. Freizeit, mit Abschluss, wer war Initiator?	Engagement, Flexibilität
Veröffentlichungen	Einstellung, geistige Mobilität, passt die Einstellung zum Unternehmen?	Engagement, Flexibilität, Ausdrucksfähigkeit, Einstellung
Bewerbungsfoto	Altes / aktuelles Foto	Sorgfalt
Referenzen	Was sind dies für Personen? Woher kennt der Bewerber sie? Wie steht der Bewerber zu ihnen?	u.a. Kontaktfähigkeit

Quelle: Zapp & Partner Management Consulting

Einen möglichen Leitfaden zur Analyse der Bewerbungsunterlagen stellt folgende Übersicht dar:

Abb. 31: Leitfaden zur Analyse von Bewerbungsunterlagen

Teilgebiet	Anforderung	Erfüllt die Anforderungen	Bemerkung
Formales	Ist die Anschrift korrekt?		
	Wurde der Umschlag ausreichend frankiert?		
	Ist die Bewerbung vollständig?		
	Sind die Unterlagen sauber und ordentlich?		
Anschreiben	Stimmt das Format (1 Seite, PC-geschrieben, Unterschrift, usw.)?		
	Ist das Anschreiben fehlerfrei (Rechtschreibung, Grammatik, Zeichensetzung)?		
	Nennt der Bewerber Gründe für seine Berufswahl?		
	Nennt der Bewerber Gründe für die Wahl des Unternehmens?		
Lebenslauf	Ist der Lebenslauf lückenlos?		
	Wurde die zeitliche Reihenfolge beachtet?		
	Wurde stets die gleiche Schule besucht (Schulwechsel)?		
Zeugnisse	Stimmen Sie mit den Daten im Lebenslauf überein?		
	Stimmen die Noten in den entsprechenden Fächern mit dem Anforderungsprofil überein?		
	Gibt es Nachweise für besondere Leistungen?		
Ergänzende Kenntnisse?	Vorhandene Berufserfahrung		
	EDV-Kenntnisse?		
	Fremdsprachen?		
	Soziales Umfeld?		

Quelle: Zapp & Partner Management Consulting

5.2 Formale Aspekte aus Sicht des Bewerbers

Eine Stellenanzeige ist dicht gedrängt mit einer Fülle von Informationen. Hierbei muss beachtet werden, dass auch eine Bewerbungshemmschwelle für den potentiellen Bewerber entstehen kann, wenn sie der Position nicht angemessen gestaltet und formuliert ist.

Entpuppen sich beispielsweise Versprechen, die in der Stellenanzeige gegeben werden, als Übertreibungen, so kann dies zu enttäuschenden Erfahrungen bei den Bewerbern führen und das Unternehmen wird in der Folge nur schwer den Wunschkandidaten für sich gewinnen können. Laut einer Umfrage bleiben einzig in Dänemark und Norwegen die Personalverantwortlichen bei der Wahrheit, wenn es darum geht mittels Stellenanzeigen neue Mitarbeiter zu werben. Hier besteht also Handlungsbedarf.

Ebenso ist ein wichtiger Aspekt das „wie" und „wann" ein Unternehmen auf die Bewerbungsunterlagen reagiert festzulegen und zu kommunizieren. Darüber hinaus ob das Unternehmen beispielsweise mit der Eingangsbestätigung Unterlagen bzw. Broschüren über sich oder die zu besetzende Position an den Bewerber mitsendet.

Bei Absageschreiben wird den Kandidaten meist nicht der Grund mitgeteilt, warum sie die Stelle nicht erhalten. Hier sollte man den Kandidaten telefonisch oder schriftlich die konkreten Gründe dafür mitteilen.

Wenn der Kandidat zwar nicht für die zurzeit zu besetzende Stelle geeignet ist, könnte er eventuell für eine andere Position im Unternehmen geeignet sein. Nach Rücksprache mit dem Bewerber könnte man ihn in eine Bewerberdatenbank aufnehmen und gegebenenfalls auf ihn zurückzugreifen.

6 Die wichtigsten Auswahlverfahren

Ziel ist die größtmögliche „Treffsicherheit" in der Auswahl

Personalauswahlinstrumente lassen sich im Wesentlichen durch fünf verschiedene Gütekriterien charakterisieren, welche die Qualität des jeweiligen Verfahrens wiederspiegeln. Drei davon kommen aus der klassischen Testtheorie, nämlich Objektivität, Reliabilität und Validität.

Die *Objektivität* gibt an, in welchem Maße die Durchführung des Verfahrens, das Ergebnis und die jeweilige Interpretation von der durchführenden bzw. auswertenden Person unabhängig ist. Also inwieweit das Auswahlverfahren „harte Fakten" liefert. Es liegt auf der Hand, dass ein Einstellungsgespräch, zumindest ein unstrukturiertes, weniger objektiv ist als ein Intelligenztest, der ja ein eindeutiges Ergebnis liefert. Ein probates Mittel die Objektivität zu erhöhen, ist die Schulung der Beurteiler, auf die wir später noch genauer Eingehen werden. (vgl. „Assessment Center")

Die *Reliabilität* ist der Grad der Messgenauigkeit des Verfahrens. Sie gibt an wie genau der Test misst, ohne allerdings zu berücksichtigen, ob er auch das misst, was er messen soll. An anderer Stelle wird die Reliabilität auch als Stabilität des gemessenen Merkmals im Sinne einer Test-Retest-Korrelation interpretiert, d.h. dass ein Kandidat im selben Test zweimal hintereinander möglichst das gleiche bzw. ein ähnliches Ergebnis erreicht.

Als wichtigstes Kriterium ist die *Validität*, im Besonderen die prognostische Validität (=Vorhersagewert) zu nennen. Dieser Wert gibt an, in wie weit das Verfahren in der Lage ist, den späteren Berufserfolg vorherzusagen. Man kann dabei zwischen objektiven (z.B. Stückzahlen) und subjektiven (z.B. Führungskräftebeurteilung) Kriterien zur Messung des Berufserfolges unterscheiden. Die prognostische Validität ist dann die Korrelation des Ergebnisses des Auswahlinstruments mit dem Berufserfolgkriterium oder anders gesagt gibt sie Antwort auf die Frage: „Wie gut ist das Auswahlverfahren in der Lage den späteren Berufserfolg vorherzusagen. Ihr Wertebereich liegt dementsprechend zwischen +1 und –1, wobei ein Wert von +1 bedeutet, dass alle durch diese Methode ausgewählten Bewerber später erfolgreiche Mitarbeiter sind. Für ein Verfahren mit einem Wert von –1 gilt das genaue Gegenteil: kein Bewerber ist im späteren Berufsleben erfolgreich. Hätte eine Auswahlmethode die prognostische Validität 0, so könnte man genauso gut eine Münze werfen, um die Auswahlentscheidung zu treffen.

Abb. 32: Anforderungskriterien an das Auswahlverfahren

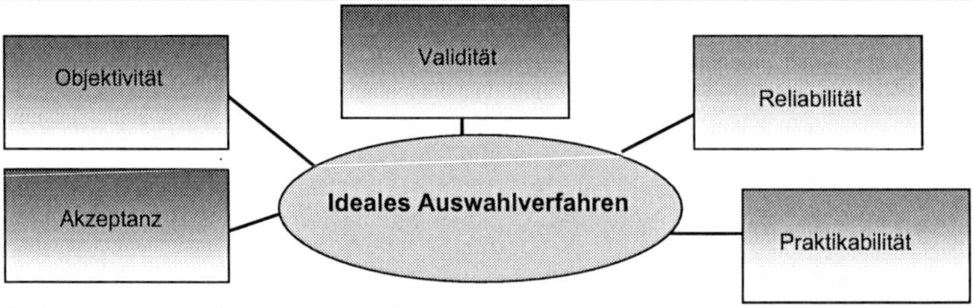

Quelle: Zapp & Partner Management Consulting

Darüber hinaus gibt es noch zwei weitere Gütekriterien, die im Kontext von Personalauswahlverfahren von Bedeutung sind. Die Praktikabilität oder ökonomische Nützlichkeit beurteilt den Einsatz von Selektionsverfahren vor dem Hintergrund einer Kosten-Nutzen-Rechnung. Sie lässt sich nicht allgemein angeben und muss für jedes Verfahren von Fall zu Fall bewertet werden und gibt an, ob die Verwendung eines bestimmten Verfahrens überhaupt machbar bzw. sinnvoll ist. Zum Beispiel wäre ein mehrtägiger Auswahlprozess für Auszubildende kaum zu empfehlen, da der Aufwand an Zeit und Geld in keinem Verhältnis zum Gewinn stünde. Kurz gesagt das Auswahlverfahren soll gut in den betrieblichen Alltag integrierbar sein und nicht zu viele Ressourcen über einen zu langen Zeitpunkt binden. Allerdings sollte hier auch nicht am falschen Ende gespart werden, man sollte in die Kosten-Nutzen-Rechnung auch langfristigere Faktoren einbeziehen.

Darüber hinaus soll die Akzeptanz des Verfahrens hier nicht unerwähnt bleiben. Gerade bei psychologischen Testverfahren liegt hier der sprichwörtliche Hund begraben. Während sie im Allgemeinen bei den vier anderen Gütekriterien gute bis sehr gute Werte erreichen, scheitert ihr Einsatz häufig an der fehlenden Akzeptanz der Beteiligten.

Abb. 33: Überblick über Auswahlverfahren

Die wichtigsten Auswahlverfahren:

1. Personalfragebogen
2. Interview
3. Testverfahren
4. Biographische Analysen
5. Assessment-Center
6. Webbasierte Assessments und Instrumente zur Eignungsdiagnose
7. Multimodales Interview
8. Graphologisches Gutachten
9. Video oder DVD-Analyse

Quelle: Zapp & Partner Management Consulting

Im Folgenden sollen nun die wichtigsten Auswahlverfahren näher dargestellt werden.

6.1 Der Personalfragebogen

Der Personalfragebogen auch Bewerbungsbogen genannt, ist ein Analyse- und Vergleichsinstrument. Er wird den Kandidaten zugesandt, die die erste Runde (Analyse der Bewerbungsunterlagen) überstanden haben. Inhaltlich ist er dem Personalbogen ähnlich, der in den Personalakten bzw. -dateien abgelegt ist. Idealerweise enthält der Personalfragebogen für die Bewerber als auch für die Mitarbeiter die gleichen Angabenfelder.

Da der Personalfragebogen ein erstes Auswahlinstrument ist, bedarf es hier der Zustimmung des Betriebs- bzw. des Personalrates.

Im Personalfragebogen werden üblicherweise folgende Felder abgefragt:

- Persönliche Identitätsangaben
- Schul- und Berufsausbildung
- Berufserfahrung
- Sprachkenntnisse
- Aufenthaltserlaubnis, Arbeitserlaubnis
- Gesundheitszustand
- Sonstiges (z.B. über jetzige Tätigkeit und Arbeitgeber)

6.2 Der Klassiker – Das Bewerberinterview

Beim Auswahlentscheid ist das Interview höchst umstritten, Befürworter sind vor allem die „Praktiker". Gegner rekrutieren sich aus dem „wissenschaftlichen" Lager, da die prognostische Validität sehr gering ist. Eine Steigerung der Validität ist jedoch durch die Strukturierung des Interviews sowie der Orientierung der Gesprächsinhalte an den Anforderungen der zu besetzenden Position möglich. Sowohl Auswählende als auch Bewerber schätzen das Verfahren hoch ein. (Watzka, S. 5)

Der Vollständigkeit halber wird das Interview hier noch einmal aufgeführt. Aufgrund der Bedeutung dieses Instrumentes gehen wir im Folgenden intensiver auf das Interview ein.

6.2.1 Interviewtechniken

Unter dem Interview wird die Situation verstanden, dass ein Bewerber einem oder besser zwei Interviewern die gestellten Fragen beantwortet (vgl. Dietl/Speck, S. 83).

Es ist das wohl am meisten bekannte und eingesetzte Auswahlinstrument. Bei dem Interview gibt es fünf Interviewtechniken

- Das freie Interview
- Das Stressinterview
- Das standardisierte Interview

- Das halbstandardisierte oder strukturierte Interview
- Das multimodale Interview

6.2.1.1 Das freie Interview

Das freie Interview, auch das unstrukturierte Interview genannt, gleicht sehr stark einer gewöhnlichen Unterhaltung. Es entwickelt sich frei, je nach Situation und Gesprächspartner und wird von unvorbereiteten Führungskräften und „Personalern" eingesetzt.
Darüber hinaus orientiert sich dieser Interviewtyp individuell an den Bedürfnissen und Erwartungen des Interviewers und des Bewerbers. Es gibt keine Gesprächsleitfäden und so auch keine Fest umrissenen Fragen.

Beim freien Interview können auch offene Fragen bzw. „W-Fragen" zum Einsatz kommen, die den Bewerber zu freien Formulierungen veranlassen und es so erlauben, dem Bewerber umfassendere Informationen zu „entlocken". (vgl. Dietl/Speck, S. 83f)

Vorteile:
- Natürlichkeit und Ungezwungenheit
- Variabilität der Themenschwerpunkte

Nachteile:
- Mangelnde Vergleichbarkeit
- Eventuelles Fehlen wichtiger Fragefelder

6.2.1.2 Das Stressinterview

Bei dieser Interviewtechnik steht der Bewerber meistens zwei, drei oder vier Interviewern gegenüber, die sein Verhalten auffällig beobachten und notieren. Diese Technik wird kaum in der Praxis angewandt, nicht zuletzt aus Imagegründen. Der Interviewer versucht den Bewerber unter Druck zu setzen, und dabei die psychische Beanspruchungsfähigkeit des Bewerbers zu testen und Widersprüche aufzudecken. (vgl. Scholz, 1994)

In der Regel beginnt das Stressinterview in einer entspannten Atmosphäre. Der Bewerber muss einen Leistungstest vor den Interviewern absolvieren. Egal wie der Test ausfällt, der Bewerber wird mit Missachtung und Geringschätzung seiner Leistung konfrontiert. Dem Bewerber wird offeriert, dass er wohl ausscheiden muss (egal wie der Test ausgefallen ist). Das Verhalten des Bewerbers in dieser Stresssituation wird beobachtet und festgehalten.

Die Atmosphäre wird danach wieder freundlicher und das Interview wird normal weitergeführt.

Vorteile:
- Erfassung des Leistungspotentials unter Belastung
- Vergleichbarkeit der Bewerber unter Stress

Nachteile:
- Möglicher Boykott des Bewerbers
- Durch Angst kann das wahre Leistungspotential blockiert werden
- Imageverlust des Unternehmens

6.2.1.3 Das standardisierte Interview

Eine Form des standardisierten oder auch strukturierten Interviews haben wir schon kennengelernt, den Personalfragebogen. Bei dieser Interviewtechnik hat der Interviewer festgelegte Fragen bzw. Fragekomplexe, denen er selbst kaum etwas hinzufügen darf. Im Gespräch ist er zwar darauf angewiesen, nach bestimmten Dingen zu fragen, kann aber je nach Standardisierung, noch einzelne Fragen hinzufügen.
Im Vorfeld wird hierfür zunächst ein Interviewleitfaden erstellt. Inhalt sind genaue Fragen und Zeitraster. Vorgehensweise und Reihenfolge der Fragen sind für alle Kandidaten gleich.

Vorteile:
- Vergleichbarkeit
- Objektivität der Interviewer
- Erfassen aller Fragefelder

Nachteile:
- Unnatürlichkeit
- Testcharakter
- Mangelnde Flexibilität

6.2.1.4 Das multimodale Interview

Vergleichen Sie bitte hierzu den Punkt 6.8 Multimodales Interview.

6.2.2 Fragetechniken

Bei einem effektiven Einstellungsgespräch ist die richtige Fragetechnik der Erfolgsgarant. Das Beherrschen der Fragetechnik muss zu Ihrem Handwerkszeug gehören.

6.2.2.1 Allgemeine Hinweise zur Fragetechnik

Grundsätzlich ist es immer sinnvoll, dass der Bewerber den größten Redeanteil hat. Sinn ist ja, etwas über ihn in Erfahrung zu bringen und nicht den Interviewer in den Vordergrund zu schieben. Um also zum gewünschten Verhältnis der Redeanteile zu gelangen, kommt es entscheidend auf die Fragetechnik an.

Unabhängig von der Frage muss jede Frage ein Ziel verfolgen, d.h. der Interviewer sollte selbst eine Vorstellung davon haben, über welche Schlüsselqualifikationen er nähere Informationen erlangen möchte. Darüber hinaus ist auch von Standardfragen Abstand zu nehmen, da hier auch nur eine, teils aus Bücher übernommen, Standardantwort erwartet werden kann. (vgl. Dietl/Speck, S. 84)

1. Kurze Fragen
   Diese Fragen erfordern ein spontanes Antworten. Der Bewerber hat nicht die Gelegenheit, lange zu überlegen.

2. Vergangenheitsorientierte Fragen
   Bei diesen Fragen wird der Bewerber erzählen, wie er z.B. ein Problem gelöst hat. Bei zukunftsbezogenen Fragen besteht die Möglichkeit des kreativen „Spinnens“, was man nicht nachprüfen kann.

3. Nachhak-Technik
   Die Nachhak-Technik wird bei Antworten eingesetzt, bei denen sich der Bewerber versucht elegant herauszureden. Da diese Technik eine Art Verhörcharakter besitzt, sollte sie generell nicht zu oft eingesetzt werden.

4. Immer nur eine Frage
   Wenn mehrere Fragen im Raum stehen, wird der Bewerber sich mit großer Wahrscheinlichkeit die Frage beantworten, auf die er die beste Antwort hat.

5. Sprachliche Hinweise
   Als Interviewer sollten Sie keine zwei- bzw. mehrdeutigen Formulierungen benutzen. Hier ist es wichtig, dass Sie sich dem Sprachniveau des Bewerbers anpassen.

6. Keine Wertungen
   Durch persönliche Wertungen und Vorabinformationen verrät man dem Bewerber seine Einstellung zu dem erfragten Sachverhalt und gibt ihm die Gelegenheit, sich darauf vorzubereiten.

7. Gutes Zuhören kann Ihnen viele Fragen ersparen.

6.2.2.2 Fragentypologien

Unter Fragentypologien versteht man die Klassifizierung von Fragen in Kategorien. In der Personalauswahl werden generell zehn Fragentypologien unterschieden.

Abb. 34: Fragentypologien

Fragentypologie	Erläuterung
Offene Fragen	Der Frageinhalt lässt hier einen weiten Raum der Beantwortung zu. Diese Frage setzt voraus, dass man den Bewerber ausreden lässt. Hierbei wird deutlich, ob der Bewerber ein Schwätzer ist, oder ob er sich auf das wesentliche beschränkt. „Auf welche Schwierigkeiten sind Sie gestoßen?" „Wie sind Sie dabei vorgegangen?"
Geschlossene Fragen	Diese Fragen werden i.d.R. als Wissensabfragen eingesetzt. Der Antwortspielraum ist eingeengt. Zurückhaltende oder nicht so gesprächige Bewerber werden mit dieser Frageform nicht so zum Sprechen motiviert wie bei offenen. Der Interviewer sollte dann von der Nachhak-Technik Gebrauch manchen. „Was verdienen Sie bisher?" „Wann können Sie bei uns anfangen?"
Suggestivfragen	Suggestivfragen werden oft unbewusst gestellt. Dabei wird der Interviewer oft eine Bestätigung für seine eigene Meinung bekommen „Möchten Sie nicht mehr verdienen?" „Was sind Ihre Gehaltsvorstellungen?"
Alternativfragen	Dem Bewerber werden hier mehrere Antwortalternativen vorgegeben. „Worauf begründen sich Beförderungen in Ihrer jetzigen Firma?"
Ja/Nein-Fragen	Die Antworten liegen hier entweder im Ja- oder im Nein-Bereich. Bewerber die eher zurückhaltend sind werden kaum mehr dazu sagen. Es kommt kein Gespräch zustande. „Haben Sie sich mit dem Thema Zielvereinbarung auseinander gesetzt?"
Warum-Fragen	Aus den offenen Fragen ergeben sich oft die Warum-Fragen. Mit ihnen werden oft die Motive und Einstellungen abgefragt. Sie haben einen Nachhak-Charakter. „Warum möchten Sie den Arbeitsplatz wechseln?"
Projektive Fragen	Der Bewerber wird bei dieser Anwendungsform aufgefordert, zu sagen, was seiner Meinung nach andere Leute denken, glauben oder für richtig halten. Dabei wird unterstellt, dass er seine Einstellung, Motive und Gefühle auf andere überträgt (projiziert). „Was halten Ihre Kollegen von den jetzigen Tariferhöhungen?"
Erfahrungs-Fragen	Der Gesprächspartner tut sich leichter bei der Antwort, wenn man einen bestimmten Sachverhalt unterstellt und somit die Last des Suchens von ihm wälzt. „Was haben Sie gesagt, als Sie das letzte Mal einen Termin vergaßen?"
Hintergrund-Fragen	Es gibt Fragen, die einen Bewerber persönlich belasten können. Daher muss bei solchen Themen die Formulierung genau überlegt sein, um es dem Bewerber leichter zu machen, ehrlich zu antworten. „War es Ihnen möglich, sich von den Demonstrierenden zu distanzieren?"
Wortlose Fragen	Ruhe oder Schweigen wird von dem Bewerber als belastend empfunden. Wenn Sie sich als Interviewer darauf einstellen, wird der Bewerber von sich aus schon weitererzählen. Sie sollten dann ein sehr aufmerksamer Zuhörer sein. „Eine Pause auszuhalten kann interessanter und informativer sein, als eine unnütze Frage zu stellen."

Quelle: Zapp & Partner Management Consulting und Prof. Dieter Zimmer

6.2.2.3 Fragenreihenfolge

Bei Interviews sollten Sie eine gewisse Reihenfolge der Fragestellungen einhalten. So wird dem Bewerber die Möglichkeit gegeben, erst einmal in das Gespräch hineinzufinden und eine Vertrauensbasis zum Interviewer zu schaffen. Für den Interviewer seinerseits wird es dann im Verlauf des Gesprächs einfacher sein, dem Bewerber auch Informationen zu entlocken, die er sonst nur ungern preisgeben würde. So empfiehlt es sich auch zunächst den Bewerber zu Wort kommen zu lassen und erst später durch gezieltere Fragen, z.B. Ja/Nein- Fragen noch offene Punkte zu klären.

Die Reihenfolge wird wie folgt empfohlen:

- Allgemeine Frage vor spezifischen Fragen
- Vergangenheit, Gegenwart, Zukunft
- Offene Fragen am Anfang, geschlossene Fragen später

Allgemeine Hinweise zu den Fragen sind:
Wer fragt, führt das Gespräch und kann es damit steuern.
Bei redegewandten Bewerbern ist Zuhören die beste Fragetechnik.

6.2.2.4 Klassischer Ablauf eines Vorstellungsgespräches

(Die Reihenfolge kann durchaus variieren)

Abb. 35: Ablaufphasen eines Vorstellungsgesprächs

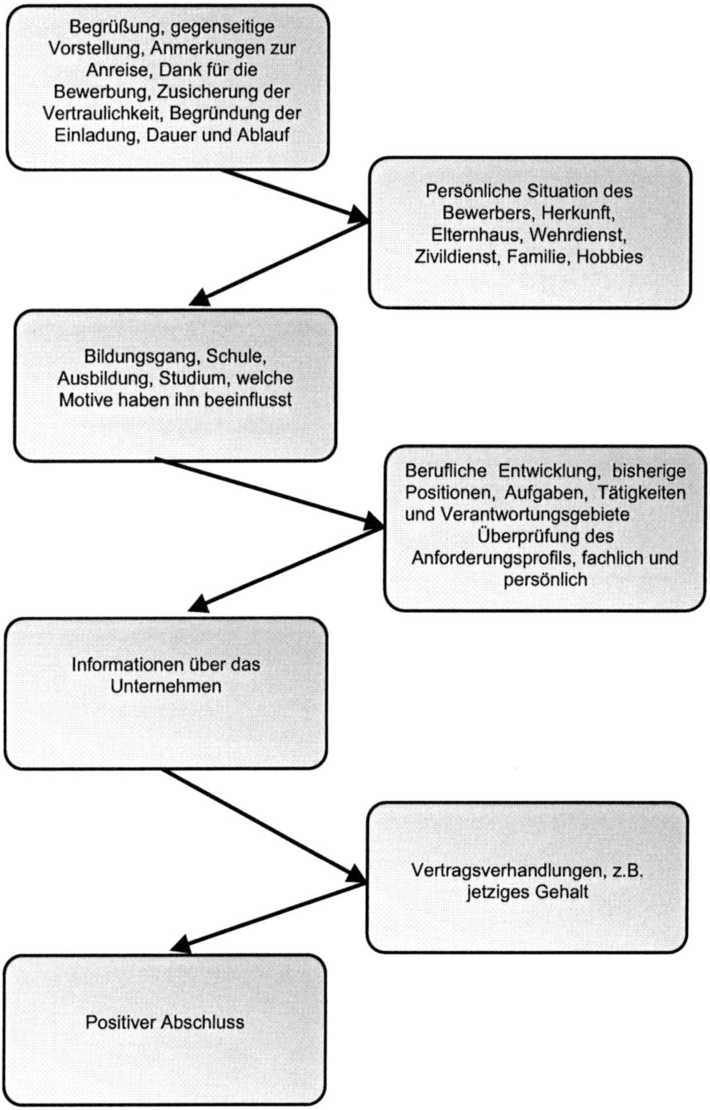

Quelle: Zapp & Partner Management Consulting

6.3 Übersicht der gängigsten Auswahlverfahren

Abbildungen 36 und 37 zeigen die Vor- und Nachteile der einzelnen Instrumente der Personalauswahl unter Angabe des Validitätsintervalls noch einmal übersichtlich zusammengefasst.

Abb. 36: Verfahren zur Personalauswahl und Potentialanalyse

	Vorteile	Nachteile
Persönlichkeitstest (r= .15 - .25)	- Geringe Kosten - breites Spektrum an Eigenschaften prüfbar	- Geringe soziale Validität - Vorhersagewert relativ niedrig - standardisiert, nicht am Anforderungsprofil orientiert
Intelligenztest (r=.22 - .51)	- Geringe Kosten - hoher Vorhersagewert - ausgereiftes Verfahren	- Geringe soziale Validität - In Deutschland wg. Vorselektion in Schulsystem nicht so aussagekräftig - standardisiert und nicht am Anforderungsprofil orientiert
Multimodales Interview (r=.27 - .51)	- Weiterentwicklung des strukturierten Interviews - Verbindung von offenen und standardisierten Elementen	- Gefahr des subjektiven Eindrucks - relativ entwicklungsaufwendig
Assessment Center (r=.14 - .78)	- bei sorgfältiger Anforderungsanalyse und entsprechender Umsetzung sehr guter Vorhersagewert - auf zu besetzende Stelle angepasst hohe Akzeptanz bei allen Beteiligten	- relativ zeitintensiv - steht und fällt mit der Qualität von Anforderungsanalyse und deren Umsetzung

Quelle: Zapp & Partner Management Consulting

r = prognostische Validität des Verfahrens (Vorhersagewert), Werte zwischen –1.0 und 1.0

Abb. 37: Verfahren zur Personalauswahl und Potentialanalyse (2)

	Vorteile	Nachteile
Unstrukturiertes Interview (r=.14 - .38)	- Recht guter Vorhersagewert - Vermittlung eines persönlichen Eindrucks	- Sehr große Gefahr der subjektiven Beurteilung - Bewerber kann sich verstellen - unstandardisiert
Strukturiertes Interview (r=.14 - .51)	- guter Vorhersagewert - Fragen gehen aus Arbeitsplatzanalyse hervor - Vermittlung eines persönlichen Eindrucks	- Gefahr der subjektiven Beurteilung - Bewerber kann sich verstellen
Biografischer Fragebogen (r=.35 - .37)	- Einfach anwendbar - Guter Vorhersagewert	- Entwicklung aufwendig - auch hier Täuschungsgefahr
Zeugnisse (Bewerbungs-unterlagen) (r=.14 - .26)	- Fälschungssicher - leicht zugänglich	- Noten nicht allein von Leistung abhängig - nur bedingt aussagekräftig

Quelle: Zapp & Partner Management Consulting

r = prognostische Validität des Verfahrens (Vorhersagewert), Werte zwischen –1.0 und 1.0

6.4 Testverfahren

Test heißt soviel wie Prüfung oder Probe. Bei Leistungstests beispielsweise soll geprüft bzw. festgestellt werden, wie Sie auf bestimmte Anforderungen reagieren und wie Sie diese bewältigen, um daraus rückschließen zu können, wie Sie künftige berufliche Probleme lösen werden.

Exemplarisch nun einige der am meisten verwendeten Tests bei der Auswahl von Fach- und Führungskräften.

6.4.1 Intelligenzstrukturtest 70 (IST 70)

Er ist einer der "Klassiker" der Intelligenztests und wohl der am häufigsten eingesetzte. Der IST 70 versucht die sprachliche und rechnerische Intelligenz, die räumliche Vorstellung und die Merkfähigkeit zu erfassen. Hier zwei Beispiele aus dem Untertest „Analogien“, der Ihre sprachliche Fähigkeit prüfen soll:

Es werden Ihnen drei Wörter vorgegeben. Zwischen dem ersten und zweiten besteht eine gewisse Beziehung. Zwischen dem dritten und einem der fünf Wahlwörter besteht eine ähnliche Beziehung. Dieses Wort sollen Sie finden.

Wald : Bäume = Wiese: ?
a) Gräser
b) Heu
c) Futter
d) Grün
e) Weide
Lösung: "Gräser" ist offensichtlich richtig.

dunkel : hell = nass : ?
a) Regen
b) Tag
c) feucht
d) Wind
e) trocken
Da "dunkel" das Gegenteil von "hell" ist, muss zu "nass" auch das Gegenteil gefunden werden. Also ist e) "trocken" die richtige Lösung.

6.4.2 Der Wilde Intelligenz-Test (WIT)

Dieser Test wurde erstmals 1963 vorgestellt, seither ist er an über 225.000 Versuchspersonen wissenschaftlich getestet und daneben häufig bei der Einstellung von Fach- und Führungskräften angewandt worden. Der WIT ist einer der umfangreichsten Intelligenztests mit insgesamt 15 Untertests und über 300 Aufgaben. Wie auch viele andere Intelligenztests überprüft er einzelne Fähigkeiten oft mit mehreren Untertests. So lässt sich aufgrund der Untertests Zahlenreihen, Schätzen, eingekleidete Rechenaufgaben, Grundrechnen auf das rechnerische Denken rückschließen. Hierzu zwei Beispiele:
Zahlenreihen:
Jede Zahlenreihe ist nach einer bestimmten Regel aufgebaut. Sie sollen immer das nächste Glied der Reihe suchen.

2 5 8 11 14 17 ?
Nach welcher Regel ist diese Reihe aufgebaut?

Lösung: Jede Zahl ist um 3 größer als die vorhergehende. Das nächste Glied der Reihe, das der 17 folgt und an Stelle des Fragezeichens einzusetzen ist, muss demnach 20 sein.

Schätzen:
Die folgenden Rechenaufgaben sind leichter, als es auf den ersten Blick erscheint. Ein genaues Ausrechnen ist nicht notwendig. Sie können die richtige Lösung durch Schätzen oder durch einfache rechnerische Überlegungen finden.

118492 - 3684 - 2106 - 4768 = ?

a) 10762
b) 104527
c) 107934
d) 98743
e) 99825
Lösung: c)

6.4.3 Persönlichkeitstests

Diese Form von Test versucht die Persönlichkeitsstruktur der Bewerber herauszufinden. Die meisten dieser Tests wurden ursprünglich für die wissenschaftliche Forschung oder/und im klinischen Bereich, also zur Behandlung seelisch erkrankter Menschen, entwickelt. Im Laufe der Zeit entdeckte auch die Wirtschaft ihr Interesse daran.

Unter Persönlichkeitstests versteht man eine Reihe von Testverfahren, die meist nicht Intelligenz und Leistungsvermögen des Menschen prüfen, sondern bestimmte Eigenschaften, Einstellungen, Neigungen, Interessen usw. Die ersten wissenschaftlichen Persönlichkeitstests wurden 1919 von R.S. WOODWORTH und Mitarbeitern entwickelt, die anhand eines Fragebogens US-Soldaten im ersten Weltkrieg untersuchten.

Zu den Persönlichkeitstests gehören u.a. die Persönlichkeitsfragebögen (z.B. der MMPI (Minnesota Multiphasic Personality Inventory), der 566 Fragen umfasst), die verbalen Ergänzungsverfahren, die thematischen Apperzeptionsverfahren (s. TAT), die Formdeutetests (s. Rorschach), die spielerischen und zeichnerischen Gestaltungstests usw.

6.4.4 Der 16 Persönlichkeitsfaktoren-Fragebogen (16 PF)

Die mittels dieses Tests erkundeten Persönlichkeitsfaktoren sind u.a.:
- Sachorientierung/Kontaktorientierung
- emotionale Störbarkeit
- Widerstandsfähigkeit
- Begeisterungsfähigkeit
- Sensibilität/Selbstvertrauen/Besorgtheit
- Spontaneität/Selbstkontrolle

Folgende Fragen möchten beispielsweise herausfinden, ob Sie eher ein gruppenverbundener oder eigenständiger Typ sind:

Ich bevorzuge Spiele bei denen
a) man gemeinsam mit anderen Personen spielt
b) unsicher
c) jeder Teilnehmer auf sich selbst gestellt ist

Ich wäre lieber
a) in einem Verkaufsbüro beschäftigt, wo ich organisieren und Leute treffen kann
b) Architekt, der in einem ruhigen Raum Pläne zeichnen kann
c) dazwischen

6.4.5 Das Freiburger Persönlichkeitsinventar (FPI)

Dieses an der Universität Freiburg entwickelte Verfahren wurde 1973 erstmals veröffentlicht. Zehn Jahre später wurde es revidiert und existiert nun in neuer Version als sogenanntes FPI-R. Dieser Test hat insgesamt 130 Aufgaben, er versucht, neun Persönlichkeitsdimensionen zu erfassen. Diese sind:

- Zufriedenheit
- soziale Orientierung
- Leistungsorientierung
- Gehemmtheit
- Erregbarkeit
- Aggressivität
- Beanspruchung
- körperliche Beschwerden
- Gesundheitssorgen

Die Ausprägung ihrer Leistungsorientierung versucht man u. a. mit folgenden Fragen festzustellen:

- Ich glaube, dass ich mir beim Arbeiten mehr Mühe gebe, als die meisten anderen Menschen.
- Ich bin leicht vom Ehrgeiz zu packen.
- Ich ziehe das Handeln dem Pläneschmieden vor.
- Bei einer Arbeit bin ich meist schneller als andere.

Einige Fragen zu Ihrer Aggressivität:

- Ich kann mich erinnern, einmal so zornig gewesen zu sein, dass ich den nächstbesten Gegenstand zerriss oder zerschlug.
- Wenn mich jemand anschreit, schreie ich zurück.
- Es gab Leute, die mich so ärgerten, dass es zur einer handfesten Auseinandersetzung kam.

6.4.6 Der Rosenzweig Picture-Frustration-Test (PFT)

Der PFT versucht, Ihr Verhalten in belastenden Alltagssituationen zu erkunden. Hierzu werden Ihnen 24 Bilder vorgelegt, in denen eine Person verschiedenen frustrierenden Erlebnissen ausgesetzt ist. Sie sind aufgefordert, sich in diese hineinzuversetzen und entsprechend mitzuteilen, wie Sie in dieser Situation reagieren bzw. antworten würden. Rückzuschließen versucht man dabei auf Ihre Frustrationstoleranz und wie Sie mit Problemen umgehen. Es interessiert, ob Sie hauptsächlich dazu neigen, anderen bei frustrierenden Erlebnissen die Schuld in die Schuhe zu schieben, oder sich selbst die Schuld zu geben. Eine weitere

Reaktionsweise, die häufig vorkommt, könnte sein, dass man die frustrierende Situation einfach nicht wahrzunehmen versucht, d.h. verdrängt. Dieses Verfahren ist wohl der in der Wirtschaft am häufigsten angewandte persönlichkeitsentfaltende Test.

Die Kritik am Einsatz psychologischer Testverfahren entzündet sich vor allem an drei Punkten:

1. Der Test als fragwürdiges Mess-Instrument

- Vor allem Intelligenz- und Persönlichkeitstests gehen von problematischen theoretischen Grundlagen aus. Es ist bis heute ungeklärt, wie z.B. die Intelligenz zu definieren ist, wie sich Berufseignung oder Persönlichkeit erklären lassen und wie diese Konstrukte überhaupt gemessen werden können.

- Tests beachten die Situationsvariablen nicht, d.h. sie machen keine Aussage darüber, wie sich eine Person in einer anderen als der Testsituation verhalten wird. Tests sind Momentaufnahmen, bilden also nicht die Lebenswirklichkeit ab.

2. Die erniedrigende Testsituation

- Die Testsituation wird von vielen Bewerbern als erniedrigend und manipulativ eingeschätzt. Unter Zeitdruck, bei Gefahr der Sofortablehnung, bei Verweigerung der Teilnahme am Test und in völliger Unkenntnis dessen, wozu bestimmte Antworten zu geben sind, gleichen Testsituationen für manche Kritiker eher sadistischen Ritualen, die an die Pubertäts- und Initiationsriten von Naturvölkern erinnern.

- Die Standardisierung bringt es mit sich, dass die Testpersonen ihre Leistungen in einer künstlich wirkenden und alltagsfremden Atmosphäre erbringen müssen.

- Pädagogisch gesehen führt die Einstellungstest-Praxis mit ihren häufigen Ablehnungsbescheiden oft zu einer erheblichen Beeinträchtigung des Selbstwertgefühls beim Bewerber.

3. Mit Hilfe von Tests in den Intimbereich des Menschen vordringen

- Aus juristischer Sicht ist festzustellen, dass die heutige Testpraxis überwiegend rechtswidrig gehandhabt wird.

- Häufig fehlt die fachlich kompetente Leitung, Auswertung und Beurteilung der Tests durch geschulte Fachpsychologen.

6.5 Biographische Analysen

Die biographische Analyse geht einen Schritt weiter als der einfache Fragebogen, der sich auf das Erfassen harter Fakten, wie z.B. Alter und Geschlecht, beschränkt. Sie versucht durch die Erhebung vergangenen und zukünftigen Verhaltens und den Vergleich der hieraus gewonnenen Daten mit den Daten eines erfolgreichen Mitarbeiters in der gleichen Position herauszufinden, ob der Bewerber in seiner vorgesehenen Position erfolgreich sein wird oder nicht.

Man nimmt an, dass der biographische Fragebogen, der den bisherigen Lebens- und Berufsweg eines Bewerbers enthält, soll treffende Aussagen über das zukünftige Verhalten des Bewerbers liefern. Der Bewerber wird entsprechend mit einer umfangreichen Frageliste zur Selbstbeschreibung aufgefordert.
Es sind z.T. die gleichen Fragen, die im Einstellungsinterview und an die Bewerbungsunterlagen gestellt werden und in den Bewerbungsunterlagen behandelt werden sollten.

Wesentliche Unterschiede sind:

- ➔ Der Fragebogen ist standardisiert. Alle Bewerber werden in gleicher Weise gefragt, der Interviewer als Variationsquelle bei der Informationsbeschaffung entfällt somit.
- ➔ Es werden zwischen 50 und 200 Fragen, im Regelfall zu allen Abschnitten des Lebenslaufes gestellt.
- ➔ Die Antwortalternativen, meist zwischen zwei und fünf, sind vorgegeben.
- ➔ Nicht die einzelne Antwort wird in der Auswertung qualitativ bewertet, sondern es werden alle Antworten miteinander verglichen; d.h. es werden die Antworten der Erfolgreichen mit den Wenig-Erfolgreichen miteinander verglichen.

Die Methode des Bio-Bogens unterstellt, dass es in der Biographie eines Menschen Einstellungen, Verhaltensweisen, familiäre und berufliche Eigenarten gibt, die ihn in besonderem Maße zur erfolgreichen Ausübung eines bestimmten Tätigkeitsfeldes prädestinieren bzw. als weniger geeignet erscheinen lassen.

Das Antwortprofil eines Bewerbers – komprimiert in der Punktsumme – wird mit dem des erfolgreichen Mitarbeiters, der die Position bereits längere Zeit ausübt, verglichen. Dies bedeutet, dass Bio-Bögen immer eigens für die Organisation entwickelt werden müssen, in der sie angewendet werden sollen.

Vorteile des Verfahrens

- ➔ Hohe Validität (r 0.40 bis 0,70)
- ➔ Einfache Anwendung und Auswertung
- ➔ Hohe Objektivität, da keine Interviewereinflüsse wirksam werden

Nachteile des Verfahrens

- ➔ Der Zusammenhang zwischen der Beantwortung einzelner Fragen und dem Berufserfolg ist ungeklärt.
- ➔ Die Antworten sind manipulierbar.
- ➔ Die Bewertung des Bewerbers erfolgt zumeist über Punktsummen ohne inhaltliche Wertung; das Addieren von „Äpfeln mit Birnen“ birgt Risiken.

➔ Das Verfahren ist stark vergangenheitsorientiert: die ehemals Erfolgreichen müssen nicht auch die zukünftig Erfolgreichen sein; Anforderungen ändern sich!

➔ Das Verfahren ist nur in größeren Unternehmen einsetzbar, da mindestens so viele erfolgreiche und weniger erfolgreiche Mitarbeiter oder Führungskräfte der betreffenden Position vorhanden sein müssen, wie der Fragebogen Fragen enthält, um statistisch signifikante Aussagen machen zu können.

➔ Diskriminierungen nach Alter, Geschlecht und Rasse sind nicht auszuschließen.

6.6 Assessment-Center

Der Begriff Assessment Center stammt aus dem Englischen und bedeutet Abschätzung. „Mit dem Begriff Assessment-Center wird ein aufeinander abgestimmtes Bündel von Methoden bezeichnet, das zur differenzierten Bewertung von berufsrelevanten Kompetenzen und Persönlichkeitsdispositionen eingesetzt wird."(nach Lang von Wins, in Erpenbeck/ von Rosenstiel, Stuttgart, 2003, S. 608)

Abb. 38: Merkmale des Assessment-Center

- 6 – 12 Teilnehmer
- geschulte Beobachter
- Verhältnis Beobachter - Teilnehmer 1 zu 2
- Beobachter: Führungskräfte des Unternehmens, Mitarbeiter der Personalabteilung, Psychologen
- Dauer: In der Regel 1 bis 3 Tage

Quelle: Zapp & Partner Management Consulting

6.6.1 Die Zielsetzungen des Assessment-Centers

Die Zielsetzungen des Assessment-Centers sind sehr vielschichtig.

Die Beobachter des AC werden mit dem Ablauf und den Inhalten des Assessment-Centers voll vertraut gemacht u.a. dem Anforderungsprofil, damit sie sich ausschließlich auf das Verhalten der Kandidaten konzentrieren können. Sie lernen dadurch, die psychologischen Grundlagen der Personenwahrnehmung kennen und die psychologischen Prozesse ihrer eigenen Urteilsfindung zu reflektieren.
Man unterscheidet drei Phasen im Assessment-Center: beobachten, beschreiben, bewerten.
Die Beobachter lernen die Unterschiede zwischen Beobachten und Bewerten anhand des spezifischen Anforderungsprofils. Sie verbessern dadurch ihre Beratungsfähigkeit für die zu führenden Feedback-Gespräche und tragen damit zu einer erhöhten Effektivität des Assessment-Centers bei
Es sollte ein sofortiges Feedback an den Teilnehmer über seine Leistung erfolgen.

Somit stellt das Assessment-Center eine systematische Verfahrenstechnik zur Personalauwahl und -beurteilung dar, die mittels verschiedener diagnostischer Instrumente auf Basis der Verhaltensebene Beurteilungsdimensionen anhand einer Anforderungsanalyse bestimmt.

Es soll feststellen, ob ein Kandidat über die formale Qualifikation hinaus geeignet ist, seine Aufgaben z.B. als Führungsnachwuchskraft erfolgreich durchzuführen und aus der Reihe der potentiellen Kandidaten diejenigen herauszufinden, die von ihrem Verhalten her den geforderten Anforderungskriterien am besten entsprechen.

Abb. 39: Funktionen der Simulation im Assessment-Center

Funktionen der Simulation im AC	• den Arbeitsalltag abbilden • Stärken und Schwächen dem Teilnehmer erfahrbar machen • Bewertungsgrundlagen für den Beobachter schaffen • Grundlagen für die Maßnahmenableitung schaffen

Quelle: Zapp & Partner Management Consulting

Es geht beim Assessment-Center nicht um ein persönliches Gefallen oder Nicht-Gefallen, sondern um die Wahrung des Erfolges eines Unternehmens und somit um die langfristige Unternehmenssicherung, durch besetzen von vorgesehenen Positionen mit den wirklich geeigneten Kandidaten.
Letztlich sichern sich die Beobachter selber mit einem qualifizierten Urteil ihre eigene Zukunft.

Das Assessment-Center findet in mehreren Bereichen Anwendung (siehe Abb. 40).

Abb. 40: Die Einsatzbereiche des Assessment-Centers

Die Einsatzbereiche des AC	• *Bewerberselektion*
	  • intern
	  • extern
	
	• *Potentialermittlung*
	  • Bildungsbedarf
	  • Nachfolge
	  • Spezialaufgaben und Projektaufgaben
	
	• *Effektivitätsanalyse*
	  • Bildungsinvestitionen (-controlling)
	  • Mitarbeiterqualifikation / Mitarbeiter und Führungskräfteportfolio
	
	• *Zukunftsanforderungen*
	  • Qualifikationsbedarf
	  • Positionserhaltung, Organisationsänderungen, Zukunftsszenario, Strategiegestaltung

Quelle: Zapp & Partner Management Consulting

6.6.2 Vorteile und Grenzen des Assessment-Centers

Eine Methode, die wie keine andere geeignet ist, die Mängel der traditionellen Verfahren zu beheben und relativ sichere Prognosen zu treffen ist das Assessment-Center.

Die Durchführung eines AC als Mittel zur Personalauswahl bringt eine Vielzahl von Vorteilen mit sich. Durch die der Realität nachempfundenen Situation können die Kandidaten an genau definierten Anforderungen gemessen werden, diese Anforderungen sind notwendig, damit eine Führungsnachwuchskraft ihre Funktion erfolgreich ausüben kann. Der Kandidat kann in Situationen beobachtet werden, die seinem zukünftigen Aufgabengebiet nachempfunden sind.

Durch den Einsatz verschiedenartiger Methoden wie schriftliche Einzelarbeiten, Rollenspiele, Gruppendiskussionen, werden Fehlerquellen, die in der einzelnen Methode begründet sein können, ausgeschaltet.

Die Leistung eines Kandidaten wird zu einem Anforderungsmerkmal durch mehrere Methoden erfasst (siehe Abb. 41). Nicht ein Beobachter trifft die Entscheidung, sondern mehrere.

Abb. 41: Diagnosematrix am Beispiel eines Assessment Center

Anforderungen / Kriterien

AC – Übungen	Zwischenmenschliches Verhalten										Leistungsverhalten					Intellektuelle Fähigkeiten						
	Konfliktfähigkeit	Führungskompetenz	Motivationsfähigkeit	Überzeugungsfähigkeit	Einfühlungsvermögen	Durchsetzung	Teamfähigkeit	Ausdruck / Präsentation	Entscheidungsverhalten	Kommunikationsfähigkeit	Konzentrationsfähigkeit	Selbständigkeit	Initiative	Belastbarkeit / Ausdauer	Leistungsmotivation	Analysefähigkeit	Kreativität	Organisation / Systematik	Problemlösefähigkeit	Strategisches Denken	Fachwissen	Zeitmanagement
Gruppendiskussionen	X		X	X	X	X		X		X	X		X	X					X			
Rollenspiele	X	X	X	X	X	X	X	X	X	X			X	X				X				
Fallstudien	X	X				X		X	X			X				X	X	X	X	X	X	X
Präsentationen / Vorträge				X				X		X		X				X	X				X	X
Postkörbe		X							X		X	X		X		X	X	X				
Interviews				X				X		X								X				
Kurzfälle	X	X	X					X	X		X	X		X				X		X	X	
Wirtschafts- / Planspiele	X		X	X		X	X	X	X	X	X		X	X	X	X	X			X		X
Prüfen von Schriftstücken								X			X	X				X		X			X	
Erfassen von Schriftstücken								X			X	X		X		X	X	X	X		X	
Informationssuchesimulationen				X			X		X		X	X	X	X	X	X	X	X		X	X	X
Video - Simulationen					X											X	X	X				

Subjektive Beurteilungs- und Bewertungsfehler eines Beurteilers werden durch die Beobachtungen aller Beurteiler aufgehoben, da nach jeder Übung die Übereinstimmung zwischen den einzelnen Beurteilern überprüft wird. Die Beurteiler durchlaufen ein Training in Verhaltensbeobachtung, –bewertung und Beschreibung und sind mit den Anforderungen vertraut.

Die Ergebnisse aller Beurteiler aus allen Übungen werden verdichtet und mit den Anforderungen verglichen. Die daraus abgeleiteten Urteile und Empfehlungen werden durch alle Beurteiler gemeinsam getroffen. Verhaltensbeobachtung und -beschreibung werden zeitlich und inhaltlich von der Bewertung getrennt.

Mit den Kandidaten werden dann Einzelgespräche geführt, in denen die gezeigten Stärken und Schwächen aufgezeigt und mit den Anforderungen verglichen werden. Die daraus abgeleiteten Empfehlungen werden im einzelnen besprochen.

Die folgende Abbildung fasst noch einmal die Vorteile des AC zusammen.

Abb. 42: Vorteile des Assessment-Center

Vorteile des AC – Einsatzes	• Erhöhung der Treffsicherheit von Personalentscheidungen durch: - Auf konkrete Anforderungen aus der Praxis zugeschnittene Übungen - Möglichkeit des direkten Vergleichs der Teilnehmer - Fokussierung auf direkt beobachtbares Verhalten • Potentialeinschätzung der Bewerber • Klare, anforderungsbezogene Stärken / Schwächen – Analyse ermöglicht frühzeitige Planung von Personalentwicklungsmaßnahmen • Hohe Akzeptanz bei allen Beteiligten • Aufhebung subjektiver Beurteilungsfehler

Quelle: Zapp & Partner Management Consulting

Die Grenzen des AC liegen zum einen sicherlich in der Dauer der prognostischen Aussage.

Da erfolgreiche und nicht erfolgreiche Verhaltensweisen in gewissen Grenzen durch die Umwelt beeinflusst werden, ist die Gültigkeit der Aussagen aufgrund des Assessment-Centers auf 3-5 Jahre begrenzt.

Zum anderen kann die Bewertung der Beobachter zur sogenannten Verlierer-Problematik führen. Selbstverständlich bekommt auch der nicht akzeptierte Kandidat im Rahmen des Feed-Backgesprächs qualifizierte und begründete Hinweise über sein Abschneiden. Dieses Gespräch ist für den Kandidaten sehr belastend und erfordert auf Seiten des Gesprächführers Fairness, Einfühlungsvermögen, Akzeptanz und Achtung.

Ob sich ein Kandidat also als Verlierer fühlt hängt in entscheidendem Maße von der Qualität der Feed-Backgespräche ab.

Um die Feedbackgespräche professionell und fair für alle Beteiligten durchzuführen, ist es hilfreich mit vorstrukturierten Beobachtungschecklisten bzw. Beobachtungsauftrag für die zu beobachtenden Anforderungen / Kriterien zu arbeiten. Abb. 43 zeigt hier ein mögliches Beispiel für Teamfähigkeit

Abb. 43: Beobachtungsauftrag - Teamfähigkeit -

Simulation:
Teilnehmer:

Der Teilnehmer	1 (stark ausgeprägt)	2	3	4	5	6 (nicht erkennbar)
• bestimmt wesentlich Ziel und Struktur der Diskussion	1	2	3	4	5	6
• führt/moderiert die Diskussion (Führungswille erkennbar)	1	2	3	4	5	6
• versucht andere in die Diskussion mit einzubeziehen; geht auf Beiträge anderer ein	1	2	3	4	5	6
• bringt viele problembezogene Ideen ein, ist sehr aktiv	1	2	3	4	5	6
• fördert den Fortschritt der Diskussion durch zielführende Beiträge	1	2	3	4	5	6
• reagiert fair und konstruktiv auf Einwände; integriert sie in seine Überlegungen	1	2	3	4	5	6
Gesamteindruck	1	2	3	4	5	6

Bemerkungen: ____________________

Quelle: Zapp & Partner Management Consulting

Die folgende Graphik 44 zeigt noch einmal exemplarisch den Ablauf eines Assessment-Centers von der Zielformulierung bis zum Training der Beobachter und Beurteiler.

Abb. 44: Ablauf des Assessment-Centers

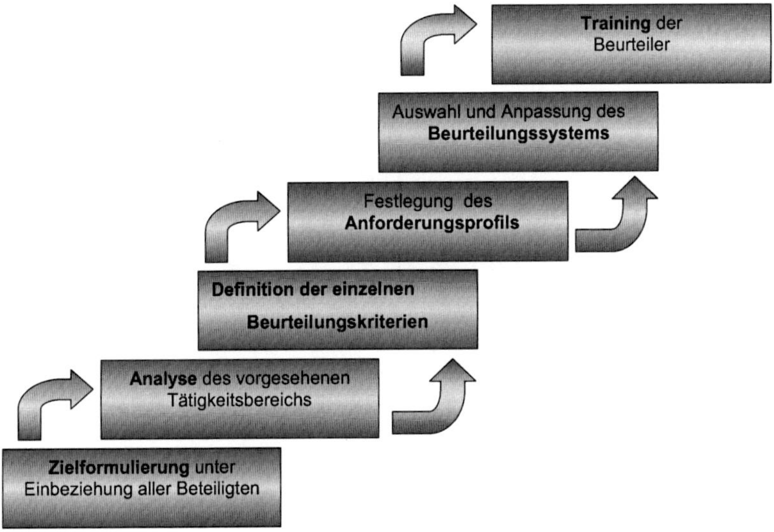

Quelle: Zapp & Partner Management Consulting

6.7 Webbasierte Assessments und Instrumente zur Eignungsdiagnose

Die Papierlage, die dargestellte fachliche Qualifikation und der subjektive, persönliche Eindruck aus mehreren Bewerbergesprächen allein ermöglichen keine zuverlässige Vorhersage der Fähigkeiten, der Motivation und der Verhaltensweisen eines künftigen Mitarbeiters. Häufig fehlt sogar das genaue Anforderungsprofil und eine fundierte Prüfung im Hinblick auf die zukünftige Position und ihr Umfeld.

So wundert es nicht, wenn eine Studie von Hunter & Hunter zu dem Ergebnis kommt, dass Interviews nur eine Erfolgschance von 14 % haben, um erstklassige Mitarbeiter zu identifizieren. Daher werden zunehmend über webbasierte Fragebögen und Tests eine breite Palette von Informationen zu den kognitiven Fähigkeiten, den Berufsinteressen und Verhaltenspräferenzen gesammelt, um zu einer hohen Vorhersagewahrscheinlichkeit über den Positionserfolg zu kommen.

Abb. 45: Je mehr relevante Informationen, desto besser um die passende Person zur Position zu finden

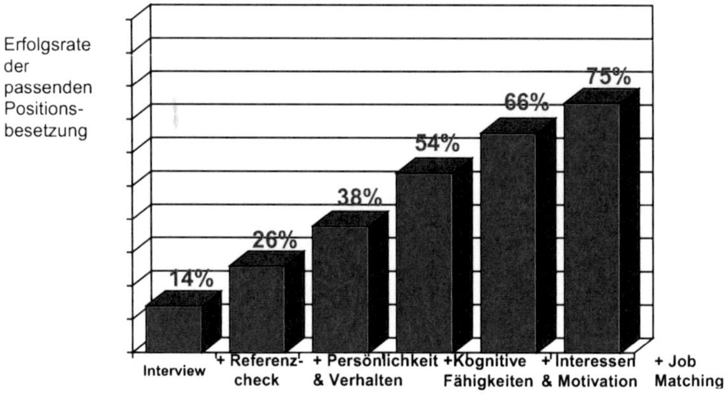

Quelle: Dr. Thienel Consulting und Zapp & Partner Management Consulting

In einer vergleichbaren Zeit sind in einem Interview nicht annähernd so viele Fragen systematisch zu stellen, auszuwerten, zu bewerten und das Ergebnis strukturiert darzustellen.

Eine empirische Studie (vgl. Kimmer / Neef 2004) aus dem Jahre 2004 kommt zu dem Resultat, dass jedes zweite der 41 befragten DAX- und MDAX-Unternehmen in den letzten drei Jahren Instrumente zur Personaldiagnostik, auf der Basis von Persönlichkeitstypologien (z.B. DISG, TMS, MBTI; vgl. Schimmel-Schloo / Seiwert / Wagner 2002), zur Potenzialanalyse, zur individuellen Stärken-Schwächen-Analyse, zur Verbesserung des Führungsverhaltens und zur Analyse und Entwicklung von Teams eingesetzt hat. Die zukünftigen Einsatzpotenziale der Instrumente werden positiv gewertet und 25 % der Unternehmen möchten den Einsatz verstärken.

Entsprechend vielfältig ist inzwischen das Angebot an Personalinstrumenten zur Kompetenzmessung (Erpenbeck, / von Rosenstiel 2003) und zu effizienten, kostengünstigen, psychometrischen Kriterien erfüllenden, webbasierten Systemen (vgl. Thienel 2006). Im Weiteren sollen drei webbasierte Personalinstrumente vorgestellt werden.

Beinahe jeder Haushalt besitzt heutzutage einen PC und hat Zugang zum Internet. Besonders für Bewerber ergeben sich so Vorteile, da wichtige Informationen über das Berufsbild oder interessante Unternehmen so jederzeit abrufbar sind. Auch Unternehmen müssen sich daher ihrerseits Gedanken, noch verstärkt über ihren Internetauftritt und Informationen für Bewerber, sondern besonders auch über neue Möglichkeiten der Personalbeschaffung via Internet machen.

Mittlerweile hat sich der Arbeitsmarkt immer stärker zu einem Bewerbermarkt entwickelt, d.h. die einzelnen Unternehmen konkurrieren immer stärker untereinander um die geeignetsten Bewerber und nur die „attraktivsten" Arbeitgeber setzen sich durch.

Durch die Nutzung des Internets kann nun ein viel größeres Bewerberumfeld angesprochen werden: sind Printmedien zum Teil nur regional oder bundesweit möglich, so ermöglicht das Internet auch die Ansprache potentieller Bewerbergruppen im Ausland.

Firmen können einerseits ihre eigene Homepage zur Personalsuche oder als Werbefläche für ihr Unternehmen nutzen; andererseits können auch Stellen-angebote in Jobbörsen veröffentlicht werden, die dann mit dem eigenen Unternehmen verlinkt sein können.

Befindet sich ein Bewerber auf der Homepage, dann sollte der nächste Schritt der Bewerbung so einfach wie möglich gestaltet sein, jedoch gleichzeitig „Spassbewerbungen" ausschliessen.

„Unter der e-Bewerbung wird ein Verfahren verstanden, bei dem sich der Bewerber online über die Eingabe der benötigten Daten in eine Datenmaske direkt beim Unternehmen bewerben kann. Zwischenstufen könnten sein, dass der Bewerber sich per Attachments um einen Ausbildungsplatz bewirbt oder dass eine Dokumentenvorlage ausgefüllt und postalisch zugesandt werden soll." (Dietl/Speck, 2003, S. 93)

Diese e-Bewerbung kann noch weiterentwickelt werden, indem durch den Computer beispielsweise Einladungen zum nächsten Schritt im Auswahlverfahren erfolgen oder auch direkt Absagen an die nicht geeigneten Bewerber gesandt werden. Das Unternehmen spart auf diese Weise enorme Kosten, da selbst die Bewerber, die für die Auswahlverfahren weniger relevant sind schon Kosten durch Unterlagenrücksendung und dergleichen verursachen.

Neben den Kostenvorteilen können jedoch auch qualitative Vorteile sowohl für das Unternehmen als auch den Bewerber erreicht werden, die noch einmal im Überblick dargestellt werden sollen. (vgl. Dietl/Speck, 2003, S. 95f)

Vorteile für Bewerber:

- Zeit und kostengünstig, da Internet schneller als Post und Portokosten entfallen.
- Anforderungsprofil ist ersichtlich, kein langes Rätseln, was das Unternehmen wissen will.
- Übersichtlich durch logische Systematik.
- Auf schnellem Weg sind wesentliche Informationen über Stelle / Unternehmen zu bekommen.
- Guter Überblick über Stellenangebot.
- Schnelle Entscheidung.

Vorteile für Unternehmen:

- Zeit- und kostengünstig.
- Durch standardisierte Abfrage schnellere Informationsverarbeitung.
- weniger Personalkosten.
- Unternehmen bekommt wirklich Informationen über den Bewerber, die es braucht.
- Übersichtlich durch einheitliche Systematik.
- Bewerber wissen schon über Unternehmen / Stellenanforderung bescheid.
- Zugriff auf einen großen Bewerberpool.
- Schnelle Entscheidung.

Ein praktisches Beispiel stellt „Bewerbung 24“ dar. Das System wurde u.a. bei der FESTO AG von Ralf-Michael Zapp & Partner Management Consulting erarbeitet und installiert.

Das Assessmenttool „The Profile“ greift Grundlagen der e-Bewerbung auf.

6.7.1 Profiling Assessments

Mehr als 25.000 Unternehmen nutzen weltweit das webbasierte Assessmenttool „The Profile“, das inzwischen auch für den deutschsprachigen Kulturraum durch Psychologen angepasst wurde und zunehmend auch europaweit genutzt wird (vgl. Thienel 2002).

Personalarbeit steht bei der Selektion der Instrumente zur Personalauswahl und Managemententwicklung immer wieder vor den gleichen Anforderungen: Sie sollen mehrsprachig, prinzipiell weltweit an jedem Arbeitsplatz verfügbar, unternehmensweit standardisierbar, psychometrische Gütekriterien erfüllen, kostengünstig sowie einfach durch die Personalmanager zu handhaben und zu interpretieren sein.

Abb. 46: Warum nutzen die Unternehmen „The Profile"?

A. Sie wollen die geeignetste Person für die Position

Die meisten Stellenbesetzungen erfolgen auf den ersten Eindruck und ohne fundierte Informationen über die Persönlichkeit der Kandidaten. Die Fragen:

- „**Can do?**" (Hat der Kandidat die erforderlichen Einstellungen und Lernkompetenzen?
- „**Will do?**" (Hat er das erforderliche Berufsinteresse?)
- „**Will fit?**" (Wie hoch ist die Übereinstimmung zwischen seinem Persönlichkeits- und dem Anforderungsprofil der Position?)

werden zumeist nicht ausreichend strukturiert und in der notwendigen Tiefe gestellt und beantwortet. Vielfach ist auch die Qualität der Anforderungsprofile unzureichend.

B. Sie wollen die Qualität ihrer Personalentscheidungen verbessern:

Bessere Entscheidungen resultieren aus einer verbesserten Information über Mitarbeiter und Bewerber. Mehr als 200 Fragen führen zu einem übersichtlichen Bericht zu den entscheidenden Persönlichkeits- und Leistungsmerkmalen.

C. Sie wollen einen effektiveren Einsatz des Humankapitals:

Das Profiling-Instrument bietet Eignungs-, Potenzial- und Coachingberichte an, mit deren Hilfe Vorgesetzte ihre Mitarbeiter auch fundierter und gezielter coachen, motivieren und anleiten können

Quelle: Dr. Thienel Consulting und Zapp & Partner Management Consulting

Die Arbeit im Internet beginnt hier mit der Definition des konkreten Anforderungsprofils. Die Definition des Anforderungsprofils ist prinzipiell auf drei Wegen möglich:

1. Durch einen Fragebogen mit 60 sehr konkreten Fragen zur Position, der die gewünschten Tätigkeiten, Fähigkeiten und Qualitäten ermittelt.
2. Durch die Durchführung des Assessments mit ausgewählten Leistungsträgern (z.B. die besten Verkäufer), um ein Profilbenchmark mit den Erfolgreichsten zu erhalten.
3. Auf Grund einer Kombination der beiden Verfahren durch Personen, welche die Position, das Umfeld und die Anforderungen gut kennen.

Das Ergebnis ist ein Anforderungsprofil zu berufsbezogenen Verhaltensmerkmalen (siehe Abb. 47), beruflichen Interessen (siehe Abb. 48) und Denkmustern (siehe Abb. 49). Dabei werden die Soll-Profilbereiche blau in der Profildarstellung hinterlegt und die Testergebnisse durch rote Zahlen dargestellt:

Abb. 47: Auszug Eignungsbericht: Verhaltensmerkmale

Energie-Ebene
(Tendenz zur Ausdauer und Potenzial für Schnelligkeit)

							8		
1	2	3	4	5	6	7	8	9	10

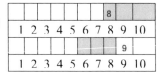

Selbstbewusstsein
(Tendenz, Menschen und Situationen zu kontrollieren, lieber führen als geführt werden)

								9	
1	2	3	4	5	6	7	8	9	10

Soziale Kompetenz
(Kommunikationsfähig: geht auf Menschen zu, arbeitet gern mit ihnen.)

	2								
1	2	3	4	5	6	7	8	9	10

Lenkbarkeit
(Tendenz, Vorschriften zu beachten, externe Überwachung und Kontrolle zu akzeptieren und Regeln einzuhalten.)

		3							
1	2	3	4	5	6	7	8	9	10

Grundeinstellung
(Tendenz zu einer positiven Haltung gegenüber Menschen und erwarteten Ergebnissen)

			4						
1	2	3	4	5	6	7	8	9	10

Entscheidungsfreudigkeit
(Nutzt verfügbare Informationen für schnelle Entscheidungen)

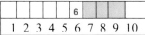

					6				
1	2	3	4	5	6	7	8	9	10

Quelle: Dr. Thienel Consulting

Abb. 48: Auszug Eignungsbericht: Berufsinteresse

Unternehmergeist
(Interesse an Beschäftigungen, die Überzeugungskraft erfordern und Gelegenheit für strategisches Vorausplanen bieten.)

			4					
1	2	3	4	5	6	7	8	9

Finanzen/Verwaltung
(Interesse an Beschäftigungen mit Finanzzahlen, Geschäftssystemen, Verwaltungsverfahren usw.)

		3						
1	2	3	4	5	6	7	8	9

Dienst am Menschen
(Interesse an Beschäftigungen, bei denen man Menschen helfen und sich für das Wohl anderer einsetzen kann)

				5				
1	2	3	4	5	6	7	8	9

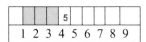

Technologie
(Interesse an Beschäftigungen, bei denen wissenschaftl. und technische Tätigkeiten, Forschung und intellektuelle Fähigkeiten im Mittelpunkt stehen)

	2							
1	2	3	4	5	6	7	8	9

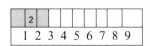

Mechanik
(Interesse an Beschäftigungen mit Werkzeugen, Geräten und Maschinen)

	2							
1	2	3	4	5	6	7	8	9

Quelle: Dr. Thienel Consulting

Abb. 49: Auszug Eignungsbericht: Denkmuster

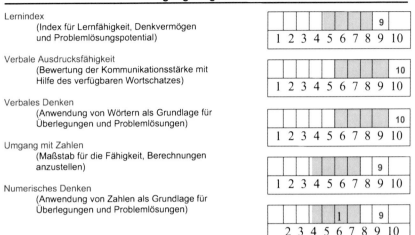

Lernindex
(Index für Lernfähigkeit, Denkvermögen und Problemlösungspotential)

Verbale Ausdrucksfähigkeit
(Bewertung der Kommunikationsstärke mit Hilfe des verfügbaren Wortschatzes)

Verbales Denken
(Anwendung von Wörtern als Grundlage für Überlegungen und Problemlösungen)

Umgang mit Zahlen
(Maßstab für die Fähigkeit, Berechnungen anzustellen)

Numerisches Denken
(Anwendung von Zahlen als Grundlage für Überlegungen und Problemlösungen)

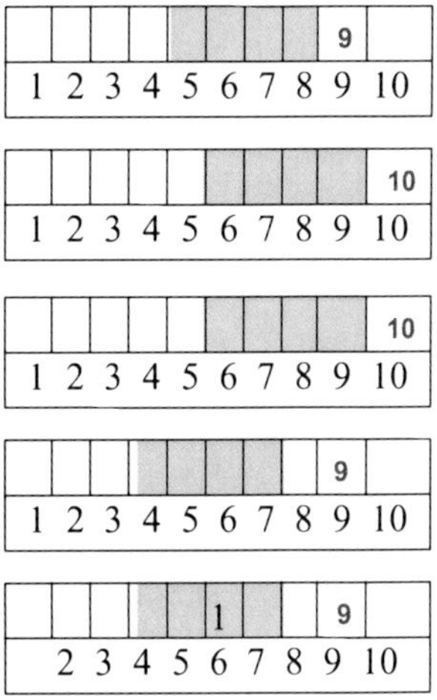

53% **Übereinstimmung mit dem Denkmuster-Profil** für die Position.

Thomas Muster hat eine Übereinstimmung von 61% mit dem Gesamt-Stellenprofil für die Position

Die markierten Felder stellen den Bereich der Kriterien dar, der für eine optimale Besetzung der ausgeschriebenen Stelle wünschenswert wäre. Die fetten Ziffern zeigen die Werte dieses Bewerbers an.

Quelle: Dr. Thienel Consulting

Via E-Mail hat der Kandidat zwei Passwörter erhalten, die es ihm ermöglicht haben, sich in das internetbasierte Assessment-Center einzuwählen und den Test innerhalb von 1,5 Stunden zu absolvieren.

Nach der Beantwortung der Fragen und Lösung der Testaufgaben im Internet wird automatisch ein Eignungsbericht via E-Mail zur Verfügung gestellt, der den Job Match zwischen Soll-Anforderungs- und Ist-Kandidatenprofil darstellt. Unter- und Übererfüllung der einzelnen Anforderungen und deren Konsequenzen werden thematisiert (siehe Abb. 46). Wie bereits in der Einleitung dargestellt, ist die Höhe des Job Matches das entscheidende Kriterium für die Einstellung des passenden Kandidaten (vgl. Banken + Partner 2005, Frohmann 2003).

Abb. 50: Eignungsbericht Verhaltensmerkmale (Auszug)

Verhaltensmerkmale:

Selbstbewusstsein (Muster 6-8) — **Wert: 9** — Herr Muster liegt beim Selbstbewusstsein über dem Musterwert des Stellenprofils. Er wird in dieser Position nicht in dem Maße Kontrolle über andere ausüben können, wie er es gerne möchte. Das könnte ein Problem für ihn und andere werden. Finden Sie im Gespräch mit ihm heraus, ob er in der Lage ist, sich in Bezug auf zwischenmenschliche Beziehungen diplomatischer und teamorientierter zu verhalten.

- Nennen Sie mir einen Fall, wo Sie erfolgreich gegen eine negative Einstellung vorgingen und auf diese Weise Arbeitsmoral und Teamfähigkeit verbessern konnten.
- Gab es eine Situation, in der Sie für eine Entscheidung eintraten, obwohl Sie gerade wegen dieser Entscheidung an Popularität einbüßten?
- Beschreiben Sie eine Situation, in der Sie Ihrem Vorgesetzten eine unangenehme Sache nahe bringen mussten. Wie haben Sie sich dabei geschlagen?

Gab es einen Fall, wo Sie erfolgreich die Vorstellungen anderer in Frage stellten? Was bedeutete das für Ihre Fähigkeit, Selbstsicherheit an den Tag zu legen?

Quelle: Dr. Thienel Consulting

Weder die Kandidaten noch die Manager des Unternehmens müssen bei dieser Vorgehensweise anreisen. Dadurch werden insbesondere Zeit und Reisekosten in der Vorauswahl gespart, besonders wenn man mehrere fachlich passende Kandidaten sogar unter Hunderten von Bewerbern vorselektieren muss. Die Unternehmensmanager müssen am Ende des Tages nur noch Zeit investieren in den fachlich und gemäß dem Persönlichkeitsprofil passenden Kandidaten. Als Gesprächsgrundlage stehen dann Eignungsberichte zur Verfügung, die fundierte Angaben zu den persönlichen Stärken und Entwicklungspotenzialen geben. Die Quote der Fehlentscheidungen lässt sich auf diese Art und Weise deutlich reduzieren. Gleichzeitig lassen sich durch die fundierten Informationen die neuen Mitarbeiter gezielter und kostenoptimierter trainieren und entwickeln.

„The Profile“ kann aber auch intern genutzt werden zur Potenzialanalyse der bestehenden Mitarbeiter. Schließlich können „The Profile“ Ergebnisse in der Darstellung eines Coachingberichts auch als Grundlage zur individuellen Führung und Entwicklung von Managern und Spezialisten genutzt werden.

„The Profile“ wurde, basierend auf einer mehr als 20 Jahren dauernden Forschungsarbeit, mit zehntausenden Bewerbern entwickelt. Validität und Reliabilität wurden nachgewiesen. Inzwischen haben mehr als 150.000 Personen weltweit diesen Test absolviert.

6.7.2 Profiles Performance Indicator

Beim Profile Performance Indicator (PPI) handelt es sich um einen webbasierten Test, der persönlichkeitsbedingte Verhaltenstendenzen und grundlegende Arbeitsstile analysiert. Dem Test zugrunde liegt das DISG Persönlichkeitsmodell (vgl. Gay 2003), allerdings im Vergleich zu anderen DISG Tests (z.B. DISG, Extended DISG, THOMAS, INSIGHTS, vgl. auch Erpenbeck, / von Rosenstiel 2003) um die wichtige Dimension Motivationsenergie erweitert, die als wichtiger Verstärker der DISG Verhaltenstendenzen zu verstehen ist.

Bei diesem webbasierten Verfahren beantwortet der Mitarbeiter 30 Fragen in 15 Minuten. Nach kurzer Zeit ist über das Internet ein Bericht verfügbar, der Informationen über Eigenschaften und Verhalten, Stärken und Schwächen der Person zu den arbeitsrelevanten Themen bereitstellt:

- Produktivität
- Leistungsqualität
- Initiative
- Teamarbeit
- Fähigkeiten zur Problemlösung
- Stressbewältigung
- Motivation

Der Bericht beschreibt, wie die Person typischerweise auf Stress, Frustration und / oder Konflikte im beruflichen Umfeld reagiert. Auf Grund der Persönlichkeitskonstellation des Kandidaten werden motivierende Verhaltensweisen, situative Rahmenbedingungen und Anreize erläutert. Gleichzeitig vermittelt der Bericht Entwicklungsvorschläge zur Steigerung der Effektivität.

Auch in diesem Fall sollten die Ergebnisse im Dialog mit der Person hinterfragt und erhärtet werden. Auf dieser Grundlage sollen Entwicklungsvereinbarungen getroffen werden. Allein basierend auf PPI sollten Mitarbeiter nicht eingestellt werden. PPI kann begleitend wichtige Informationen liefern, insbesondere für die Start- und Entwicklungsphase.

Der Bericht ist darüber hinaus sehr wertvoll und informativ für die Führungskraft, welche die neue Person führt. Bereits vom ersten Tag an kann die Führungskraft sich auf die Persönlichkeit des neuen Mitarbeiters einstellen, ihn entsprechend einsetzen und angemessener führen.

Die graphische Kurzdarstellung der PPI Ergebnisse schlägt die Brücke zu den zentralen Dimensionen des DISG Persönlichkeitsmodells: Dominanz, Initiative, Stetig- und Gewissenhaftigkeit. Der ausgebildete DISG Berater kann auf der Basis des DISG Persönlichkeitsmodells weitere Aussagen über persönlichkeitsbedingte Verhaltenspräferenzen treffen und im Dialog mit dem Kandidaten fundieren. Im deutschsprachigen Raum wurden seit 1990 mehr als 1500 DISG Berater ausgebildet und mehr als 600.000 DISG Persönlichkeitsanalysen durchgeführt (vgl. Gay 2004).

Abb. 51 Beispiel: Graphische Kurzdarstellung der wesentlichen PPI Ergebnisse

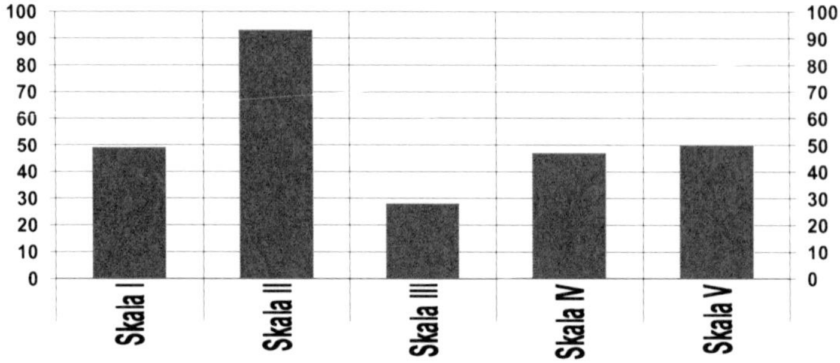

Wenn Skala I = Dominanz hoch ist

- Arbeitet am besten mit einem Minimum an Aufsicht und Kontrolle.
- Entscheidungsfreudig und direkt, kontrolliert Arbeitsumfeld gern.
- Nimmt eine Herausforderung schnell an.
- Geht leicht mit Veränderungen um.

Wenn Skala II = Initiativ hoch ist

- In der Regel optimistisch und enthusiastisch.
- Ein guter Promoter und Motivator.
- Genießt Bewegungsfreiheit.
- Fühlt sich wohler mit dem Gesamtbild als mit den Details.

Wenn Skala III = Stetig hoch ist

- Bekannt als verlässlicher und beständiger Teamarbeiter.
- Schätzt ein stabiles und vorhersehbares Arbeitsumfeld.
- Freundlich und bemüht sich in der Regel, mit Kollegen gut auszukommen.

Wenn Skala IV= Gewissenhaft hoch ist

- Analytisch, genau und kann gut mit Details umgehen.
- Arbeitet gern dort, wo kritisches Denken gefragt ist.
- Eine gewissenhafte Person mit einem gut entwickelten Sinn dafür, was richtig und was falsch ist.

Wenn Skala V= Motivationsenergie hoch ist

- Von innen her motiviert, eigene Entscheidungen zu treffen und entsprechend zu handeln.
- Energisch, bemüht, die Kontrolle und Führung zu übernehmen.
- Willensstark.

Wenn Skala V= Motivationsenergie niedrig ist

- Reagiert auf Motivation von aussen.
- Hält sich in der Regel an Anweisungen.
- Fühlt sich wohl mit einem starken Vorgesetzten

Quelle: Dr. Thienel Consulting

6.7.3 Team Management System (TMS)

Teams sind in allen Arbeitsbereichen und –ebenen eines Unternehmens wichtige Leistungsträger. Umso wichtiger ist es, dass die passenden Teamplayer für die wichtigsten Managementteams optimal zusammengestellt werden. Wichtig für Leistungsteams ist insbesondere, dass sie aus Personen bestehen, die sich von ihren Arbeitspräferenzen und Persönlichkeiten ergänzen, aufgaben- und persönlichkeitsorientiert richtig geführt werden und die Teammitglieder professionell zusammen arbeiten (vgl. Thienel 1996). Dies ist in den meisten Unternehmen aber eher der Ausnahmefall als die Regel. Der richtigen Auswahl von Fach- und Führungskräften für operative Arbeits-, Projekt- und Geschäftsführungsteams kommt daher eine zunehmend hohe Bedeutung zu.

Mitarbeiter werden häufig nach ihrer Ausbildung, ihren Fähigkeiten und Fertigkeiten eingestellt und bewertet. Die so genannte „Kompetenz" ist das zentrale Kriterium. Wer zusätzlich die Arbeitspräferenzen der Mitarbeiter fundiert ermittelt, kann später aus der Quelle der intrinsischen Motivation schöpfen. Die Mitarbeiter gemäß ihrer Arbeitspräferenzen einzustellen und einzusetzen führt dazu, dass diese bei der Arbeit in hohem Maße ihren Neigungen nachgehen und damit motivierter, engagierter, effektiver, zufriedener und letztendlich erfolgreicher sein werden.

Im Verlauf einer jahrzehntelangen, empirischen Teamerfolgsforschung wurde seit 1985 das Team Management System (TMS) entwickelt. Inzwischen haben mehr als 700.000 Personen, aus mehr als 160 Ländern, einen Team-Management-Profilfragebogen ausgefüllt. In der kontinuierlich fortgeführten Forschungsdatenbank befinden sich inzwischen Daten von mehr als 150.000 Personen (Gesamtstichprobe). Die Reliabilität und Validität des deutschen Profilfragebogens wurde 1989 und erneut 1998 nachgewiesen (vgl. Wagner 2002). Die individuellen Profildaten können daher zur Gesamtstichprobe, zu einzelnen Branchen, Führungsebenen und Ländererergebnissen in Beziehung gesetzt werden.

Das Team Management System:

- Fokussiert auf die Erfolgsfaktoren einer erfolgreichen Teamarbeit und zeigt damit jedem Teammitglied und Team Teamlücken und Handlungsbedarf auf.

- Beschreibt die präferierten Team- und Arbeitsverhaltensweisen von Führungskräften und Teammitgliedern. Damit wird eine Selbstreflexion und Standortbestimmung jedes einzelnen Teammitgliedes, über seine Arbeitspräferenzen im Team, ausgelöst.

- Stellt in dem Team-Mangement-Rad (siehe Abb. 52) die benötigten Teamrollen dar, die für eine effiziente Teamarbeit benötigt werden. Dadurch wird deutlich, welche Teamrollen im konkreten Team nicht besetzt sind, welche Folgen dies haben wird und welche Ergänzungs- oder Korrekturmaßnahmen erforderlich sein werden, um wirklich erfolgreich zu sein.

- Stellt einen Team-Management-Profil-Fragebogen zur Verfügung, auf dessen Grundlage das individuelle Teamprofil in einem Bericht dargestellt wird und zur Selbstreflexion über eigene Arbeitpräferenzen, Teamstärken und -schwächen auffordert.

- Das individuelle Teamprofil beschreibt die typischen Verhaltensweisen und die Merkmale der bevorzugten Arbeitsfunktionen. Entsprechend füllt man eine Hauptrolle und ggf. weitere Nebenrollen im Team aus. Auf diese Art und Weise werden die besonderen Teamstärken des Kandidaten, wie sie einsetzbar und förderfähig sind, für alle Beteiligten deutlich. Das Team-Management-Rad beschreibt die Rollen des kreativen Innovators, des entdeckenden Promotors, des auswählenden Entwicklers, des zielstrebigen Organisators, des systematischen Umsetzers, des kontrollierenden Überwachers, des unterstützenden Stabilisators und des informierten Beraters.

Abb. 52: Das Team-Management-Rad

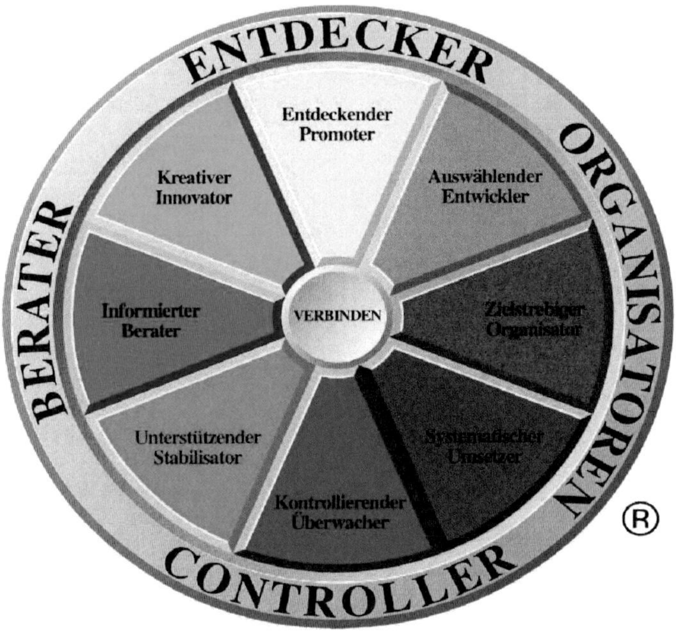

Margerison-McCann , Das Team Management Rad © Prado Systems Limited

- Verschiedenartige Rollen und Arbeitspräferenzen bieten viele Chancen, aber auch die Grundlage für Missverständnisse, Misserfolge und Konflikte. Um diese Rollen, die Teamaufgaben und die Teamziele professionell zu verbinden, sind Sozial- und Methodenkompetenzen erforderlich, sogenannte „Linking Skills“, damit ein Team professionell zum Erfolg geführt werden kann. Im Rahmen der Teamerfolgsforschung konnten 13 „Linking Skills“ ermittelt werden, die trainierbar sind (siehe Abb. 53).

Abb. 53: Das Linking Skills Modell

Margerison-McCann, Das Linking Skills Modell © Prado Systems Limited

Der Team Management Profilfragebogen besteht aus 60 Fragen, die auf Papier beantwortet werden können oder am PC, durch einloggen in einen webbasierten Fragebogen. Nach ca. 20 Minuten ist in der Regel die Beantwortung abgeschlossen. Die Ergebnisse werden in einem ca. 25 Seiten umfassenden Bericht zur Verfügung gestellt. Hier wird das persönliche Team-Management-Rad, mit Kennzeichnung der zentralen Teamrollen und das Profilfeedback, dargestellt. Das Profilfeedback umfasst insbesondere Aussagen über die persönlichen Arbeitspräferenzen (Wie organisiert der Kandidat sich und andere? Wie trifft er Entscheidungen? Wie beschafft und nutzt er Informationen? Wie geht er mit anderen Menschen um?) und über die Fähigkeiten Teams zu bilden und zu führen.

Auf dieser Basis kann im Dialog mit dem Testteilnehmer erarbeitet werden, ob er den Ergebnissen zustimmt. Die Trefferquote liegt in der Regel zwischen 80-90 %. Anschließend lässt sich einschätzen, in welchem Umfang seine Teampräferenzen zu seinen zukünftigen Teamaufgaben passen. Verfügt man darüber hinaus über Teamrollenberichte seiner potenziellen Teamkollegen, kann über das Zusammenpassen des Teams und die Folgen für eine leistungsfähige Zusammenarbeit diskutiert werden.
Der Profilbericht vermittelt aber auch Hinweise auf Entwicklungspotenziale. Auf der Basis des Berichts lässt sich ein Dialog mit dem Testteilnehmer führen, in

welchen Themen er sich weiterentwickeln könnte und welche Team- und Führungstrainings förderlich sind.

In der Integrationsphase eines neu eingestellten Mitarbeiters können auf der Basis der Profilergebnisse ggf. Startprobleme fundierter im Dialog analysiert und gelöst werden.

6.8 Multimodales Interview

Dieses von Schuler entwickelte Verfahren wird als kostengünstige Alternative zum AC empfohlen, sie ist jedoch noch durchaus akzeptabel; die soziale Validität liegt dagegen ähnlich hoch wie beim AC. Die höhere Treffsicherheit des multimodalen Interviews im Vergleich zum klassischen Auswahlgespräch lässt sich durch die folgenden Phänomene erklären: (vgl. Abb. 54)

Abb. 54: Ursachen für die geringe Treffsicherheit klassischer Auswahlgespräche

- ➔ Die Vielfalt der Informationen wird nicht optimal vom Interviewer verarbeitet. Er lässt sich stark von ersten Eindrücken lenken und stellt seine Fragen vor allem vor dem Hintergrund des ersten Eindrucks
- ➔ Negative Informationen werden über Gebühr stark gewichtet
- ➔ Der Interviewer unterliegt bei der Urteilsbildung starken emotionalen Einflüssen
- ➔ Die Fragen sind nicht ausreichend anforderungsorientiert
- ➔ Die Antworten werden nicht zutreffend in anforderungsbezogene Wertungen umgesetzt
- ➔ Der Interviewer spricht mehr als der Bewerber

Quelle: Zapp & Partner Management Consulting

Im multimodalen Interview werden verschiedene Phasen abgehandelt: Gesprächsbeginn, Selbstvorstellung des Bewerbers, freies Gespräch, biographische Fragen, realistische Tätigkeitsinformation, situative Fragen und der Gesprächsabschluss. Die Folgende Graphik stellt diese einzelnen Komponenten anschaulich dar.

Abb. 55: Die 7 Phasen des multimodalen Interviews nach Schuler

1. **Gesprächsbeginn**
   Kurze informelle Unterhaltung; Bemühen um angenehme und offene Atmosphäre; Vorstellung, Skizzierung des Verfahrensablaufs; keine Beurteilung

2. **Selbstvorstellung des Bewerbers**
   Bewerber spricht einige Minuten über seinen persönlichen und beruflichen Hintergrund. Beurteilung nach drei anforderungsbezogenen Dimensionen auf einer fünfstufigen Skala.

3. **Freies Gespräch**
   Interviewer stellt offene Fragen in Anknüpfung an Selbstvorstellung und Bewerbungsunterlagen. Summarische Eindrucksbeurteilung.

4. **Biographiebezogene Fragen**
   Biographische (oder „Erfahrungs-") Fragen werden aus Anforderungsanalysen abgeleitet oder anforderungsbezogen aus biographischen Fragebögen übernommen. Die Antworten werden anhand einer dreistufigen (einfache Fragen) oder fünfstufigen (komplexe Fragen) verhaltensverankerten Skala beurteilt.

5. **Realistische Tätigkeitsinformation**
   Ausgewogene Information seitens des Interviewers über Arbeitsplatz und Unternehmen. Überleitung zu situativen Fragen.

6. **Situative Fragen**
   Auf critical incident-Basis konstruierte situative Fragen werden gestellt; die Antworten werden auf fünfstufigen verhaltensverankerten Skalen beurteilt.

7. **Gesprächsabschluss**
   Fragen des Bewerbers; Zusammenfassung; weitere Vereinbarungen.

Quelle: Schuler, 1997

Die Antworten des Bewerbers in diesen einzelnen Fragen werden durch den Interviewer nach ihrer Qualität und Angemessenheit bewertet und bepunktet. Im Folgenden werden einzelne Phasen beispielhaft herausgegriffen und Möglichkeiten der Punktvergabe aufgezeigt.

Phase 2: Selbstdarstellung

Der Interviewer berücksichtigt hierbei verschiedene Anforderungsdimensionen, z.B.:

- Persönliches Auftreten
- Analytisches Denkvermögen
- Kontakt- und Kommunikationsfähigkeit

Die folgende Phase vier stellt die biographiebezogenen Fragen an einem konkreten Beispiel dar:

Phase 4: Biographiebezogene Fragen

Ziel: Aus vergangenem Verhalten auf zukünftiges Verhalten schließen;
vergangenes Verhalten ist ein guter Vorhersagewert dafür!

Beispiele:

1. *Einfache Fragestellung, Anforderungsdimension „Initiative“*

- *Welche Aktivitäten außerhalb Ihres Studiums haben nach Ihrer Meinung in besonderem Maße zu Ihrer Persönlichkeitsbildung beigetragen?*

Bewertung der Antwort:

1 Punkt: Nennt keine Aktivitäten, gibt keine aussagekräftige Antwort
3 Punkte: Nennt nur wenige Aktivitäten
5 Punkte: Nennt viele, nachvollziehbare, gut begründbare Aktivitäten

2. Komplexe Fragestellung, Anforderungsdimension „Teamfähigkeit“

- *Welche Erfahrungen haben Sie mit Gruppenarbeit gemacht? (Nennen Sie bitte ein Beispiel)*
- *Sind in der Gruppenarbeit auch mal Probleme und Meinungsverschiedenheiten aufgetreten?*
- *Was haben Sie unternommen, um diese Probleme zu lösen?*
- *Was ist dabei herausgekommen?*

Bewertung der Antworten:

1 Punkt: Arbeitet weniger gerne im Team, empfindet Probleme und Meinungsverschiedenheiten als unangenehm und hält sich deshalb aus dem Problemlösungsprozess lieber heraus.

3 Punkte: Arbeitet gerne in einem Team, nimmt auftretende Probleme wahr, macht Vorschläge zur Problemlösung und ist an der Problemlösung beteiligt.

5 Punkte: Bewertet Teamarbeit als sehr produktiv, erkennt rasch Probleme in der Gruppe, steuert kreative Vorschläge zur Problemlösung bei und beteiligt sich engagiert an der Durchführung der Problemlösung.

3. Komplexe Fragestellung, Anforderungsdimension „Kollegialität“

- *In welchem Fall haben Sie einen Kollegen oder eine Kollegin unterstützt, ein Problem zu lösen?*
- *Wie haben Sie erkannt, dass er oder sie Hilfe braucht?*
- *Wie sind Sie vorgegangen, wie hat er oder sie darauf reagiert?*

Bewertung der Antworten:

1 Punkt: Kein Beispiel oder belangloses Beispiel

3 Punkte: Beispiel für Unterstützung, die auf Ersuchen des Kollegen erfolgte, oder Hilfe, die nicht zur Selbsthilfe führt.

5 Punkte: Beispiel für Unterstützung, das über den alltäglichen Rahmen hinausgeht; Interesse am Wohlergehen und Erfolg anderer; aktive Hilfsbereitschaft; Hilfe zur Selbsthilfe.

Grundlage: Fragen aus biographischen Fragebögen oder Persönlichkeitstests oder in Anlehnung an Fragenkataloge von biographischen Interviews (vgl. Zimmer/Brake: Ganzheitliche Personalauswahl, Bamberg, 1993)

In Phase sechs folgen nun Beispiele für situative Fragen:

6. Phase: Situative Fragen

Ziel: Erfassung von Verhaltensintentionen, von maximal möglichem Verhalten durch „mentale Arbeitsproben“

Beispiele:

1. Die Leistung eines Ihrer Mitarbeiter hat nachgelassen.
Anlässlich Ihrer jährlichen Gehaltsgespräche müssen Sie ihm erklären, dass seine Gehaltserhöhung geringer ausfällt als die Zulage, die die meisten seiner Kollegen bekommen.
Wie gehen Sie vor?

Bewertung der Antworten:

1 Punkt: Ich sage dem Mitarbeiter, dass ich ihm gerne mehr gegeben hätte, dass aber die Geschäftsleitung keinen weiteren Rahmen offen lässt.

3 Punkte: Ich erkläre dem Mitarbeiter, dass er seine Ziele nicht erreicht hat, und stelle ihm bei Verbesserung eine Gehaltsüberprüfung in Aussicht.

5 Punkte: Ich sage dem Mitarbeiter, dass ich mir Gedanken über seine nachlassende Leistung mache, derentwegen die Zulage geringer ausfällt. Ich versuche, gemeinsam mit ihm die Gründe herauszufinden. Dann besprechen wir Maßnahmen, die Leistung wieder zu verbessern, und vereinbaren neue Ziele.

2. Ein Gast kommt kurz vor 22.30 Uhr in Ihre Gaststätte.
Er möchte gerne noch etwas essen. Ihre Küche schließt aber um 22.30 Uhr. Was geben Sie Ihrem Gast zur Antwort?

Bewertung der Antworten:

1 Punkt: „Es tut mir leid, aber meine Küche ist jetzt geschlossen!"

3 Punkte: „Es tut mir leid, meine warme Küche ist zwar geschlossen, aber gerne richte ich Ihnen etwas aus meiner kalten Küche. Davon werden Sie bestimmt auch satt."

5 Punkte: „Natürlich bekommen Sie noch etwas zu essen. Der Koch hat zwar schon Feierabend, ich kann Ihnen aber noch 2 - 3 warme Gerichte anbieten, die ich selbst für Sie zubereite."

Grundlage: Beschreibung kritischer Situationen

Im Anschluss hieran erfolgt die Beurteilung der Antworten des Bewerbers. Die durch den Interviewer im Verlauf der einzelnen Phasen vergebenen Punkte werden dabei zu einem Gesamtpunktwert aufaddiert.

Beurteilung

Die Beurteilung der Antworten erfolgt während des Interviews

Phase 1	Gesprächsbeginn
Phase 2	Selbstdarstellung
Phase 3	Freies Gespräch
Phase 4	Biographiebezogene Fragen
Phase 5	Realistische Tätigkeitsinformation
Phase 6	Situative Fragen
Phase 7	Gesprächsabschluss

Prognosevalidität: r = 0.30 bis 0.50

Quelle: Zapp & Partner Management Consulting

6.9 Graphologisches Gutachten - Schriftpsychologie

Der Ausdruck stammt von Abbé Jean-Hippolyte MICHON und taucht erstmals 1875 in seinen Schriften auf. Statt des Begriffes Graphologie wird heute auch häufig der Ausdruck Schriftpsychologie verwendet.

Graphologie ist die Bezeichnung für eine diagnostische Methode, bei der aufgrund von Untersuchungen und Deutungen der individuellen Handschrift Rückschlüsse auf die Persönlichkeit des Schreibenden gezogen werden sollen. Viele Untersuchungen ergaben zwar Zusammenhänge zwischen Merkmalen der Handschrift und der Persönlichkeit, dennoch sind diese zu gering, um die Graphologie alleine als nützliche Methode in der Persönlichkeitsdiagnostik verwenden zu können.

Die Graphologie ist als wissenschaftliche Methode sehr umstritten. In der amerikanischen Psychologie wird sie als nutzlose Methode abgelehnt (J.P. GUILFORD). Die Graphologie kann nur mit größter Schwierigkeit auf ihre Objektivität, Reliabilität und Validität hin überprüft werden. Insofern sollte die Graphologie nicht als alleiniges Verfahren angewendet werden, wenn es darum geht, Aufschluss über die Persönlichkeit eines Menschen zu gewinnen.

Unabhängig von der oben genannten Problematik wird die Graphologie vor allem in Frankreich bei der Personalauswahl bevorzugt angewendet, weil leicht an Schriftproben heranzukommen ist (z.B. handschriftlicher Lebenslauf bei einer Bewerbung).

Um zu einem aussagefähigen Urteil zu kommen benötigt man allerdings mindestens 4 handschriftliche DIN A4-Seiten. In den deutschsprachigen und angelsächsischen Ländern spielt die Graphologie eine untergeordnete Rolle bei der Personalauswahl.

Bei der Erstellung von Schriftexpertisen, in denen z.B. die Echtheit von Kaufverträgen, Testamenten und Unterschriften untersucht wird, ist die Graphologie erfolgreich.

6.10 Video oder DVD - Analyse

Als ein relativ neues und wissenschaftlich wenig untersuchtes Personalauswahlinstrument gilt die Video oder DVD- Analyse. Hier können wir Ihnen von unseren praktischen Erfahrungen bei einem Automobilhersteller berichten.

Man muss allerdings vorausschicken, dass die Videoanalyse bzw. DVD- Analyse ein Instrument der Vorselektion in Verbindung mit den Bewerbungsunterlagen darstellt.

Mit der Videoanalyse sind auch nur bestimmte Verhaltensmerkmale zu beobachten. Diese sind:

- Engagement (wie setzt sich der Bewerber mit der zusätzlichen neuen Aufgabe auseinander)
- Identifikation mit Unternehmen und Aufgaben (inwieweit kennt er das Unternehmen; warum möchte er in dieses Unternehmen; individuelle Bewerbervorstellung)
- Kommunikationsfähigkeit (sprachliche Ausdrucksfähigkeit)
- Kreativität (wie löst er diese Aufgabe)
- Teamgedanke (bindet er andere mit in sein Bewerbervideo ein)
- Auftreten (wie bewegt sich der Bewerber; Erscheinungsbild)

- Belastbarkeit (ist der Bewerber nervös, gereizt, ungehalten)
- Werte (Motive und Einstellungen)

Gerade beim Bewerbervideo oder der DVD kommt es auf die richtige Fragetechnik an. Das Themenfeld Fragetechnik wird beim Interview extra behandelt.

Das Instrument kann ähnlich wie beim AC oder multimodalen Interview eine Vielzahl von Informationen liefern die durch die Validität des Instruments unterstrichen wird. Das Instrument ist allerdings für den Bewerber durchaus zeitintensiv und setzt ihn „künstlich“ unter Stress, da die Situation im Rahmen eines Bewerbungsauswahlprozesses neu ist und der Bewerber noch nicht weiss, auf was konkret geachtet wird. Dies ist insbesondere zur Auswahl von Auszubildenden und Hochschulabsolventen ein interessantes Zusatzinstrument zur Personalauswahl. (vgl. Becker/Staufenbiel)

7 Fehler bei der Wahrnehmung

Es gibt nur wenige Menschen mit extrem guten oder extrem schlechten Fähigkeiten, aber viele mit einer durchschnittlichen Begabung oder Befähigung. Ziel der Personalauswahl, ist es, die arbeitsbezogenen Fähigkeiten systematisch zu erfassen und in einer Bewertung wieder zu geben. Die Beurteilung der (potentiellen) Mitarbeiter findet vor allem auf den drei Ebenen der menschlichen Wahrnehmung statt.

Abb. 56: Die drei Ebenen der Wahrnehmung

Quelle: Zapp & Partner Management Consulting und Prof. Dieter Zimmer

Ebene 1: Die subjektive Datenauswahl

Jeder Mensch trifft eine für ihn typische Auswahl aus den seinen Sinnesorganen angebotenen Informationen bzw. Reizen. Man sieht oder hört nur, was man sehen oder hören will, was einen neugierig macht, was einem wichtig erscheint, was einen stutzig macht, was einen ärgert. Man bemerkt diese Gefahr, wenn man Antworten auf z.B. folgende Fragen sucht:

- Was fällt mir bei einem Kandidaten am schnellsten auf?
- Welche Kriterien benutze ich häufig bei der Beobachtung einer Person? (Kleidung, Sprechweise ....)

Empfehlungen für den Beobachter:

- Achten Sie auf Tatsachen, auf beobachtbare Verhaltensweisen, d.h. Äußerungen, Wortwahl, Reaktionen, Körperhaltung

- Machen Sie sich bewusst, worauf Sie beim Beobachten unwillkürlich achten, bzw. was Sie i.d.R. vernachlässigen
- Misstrauen Sie Ihren Beobachtungen hin und wieder
- Gestehen Sie zu, dass es Tatsachen gibt, die Sie nicht genau gesehen haben

Ebene 2: Einschätzung / Beurteilung

Menschen registrieren nicht nur "objektive" Tatsachen, sie ordnen diesen auch sehr persönliche Deutungen zu. Man versucht, Sinn hinter dem Erkannten zu finden; man deutet, interpretiert, gewichtet; man fällt Werturteile, also subjektive Ermessensentscheide. Man bemerkt diese Gefahr subjektiv zu urteilen, wenn man Antworten auf z.B. folgende Fragen sucht:

- Wie sieht seine Kleidung aus?
- Was sagt er genau?
- Was tun die Hände?

Empfehlungen für den Beobachter:

- Trennen Sie Beobachtung und Bewertung
- Belegen Sie Ihre Bewertung möglichst mit beobachteten Fakten

Ebene 3: Die persönlichen "Hinterkopftheorien"

"Hinterkopftheorien" sind ein Set von persönlichen Meinungen, Haltungen, Normen, Einstellungen gegenüber bestimmten Phänomenen oder Personen. Jeder hat seine ganz spezielle Vorstellung etwa von einem kooperativen Arbeitsklima oder einem "guten" Mitarbeiter. Die Hinterkopftheorien sind uns oft nicht bewusst, beeinflussen aber die Art, Wahrnehmungsdaten auszuwählen und ihnen Sinn zu geben. Man erkennt sie, wenn man Antworten z.B. auf folgende Fragen sucht:

- Was ist mir im Laufe meines Lebens "heilig" geworden?
- Was sind für mich die wichtigsten Eigenschaften eines Menschen, einer Führungskraft?

Empfehlungen für den Beobachter

- Verzichten Sie auf jeden Autoritätsanspruch
- Seien Sie bereit, Ihren Beobachterkollegen Ihre Theorien offenzulegen
- Akzeptieren Sie, dass Ihre Kollegen die gleiche Beobachtungssituation unterschiedlich interpretieren können.

Abb. 57: Die drei Ebenen der Wahrnehmung in Interaktion

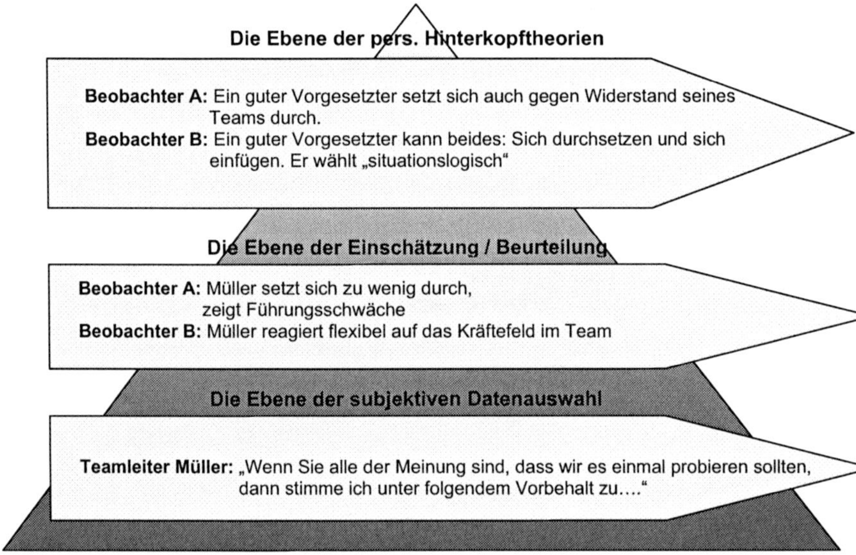

Die Ebene der pers. Hinterkopftheorien
Beobachter A: Ein guter Vorgesetzter setzt sich auch gegen Widerstand seines Teams durch.
Beobachter B: Ein guter Vorgesetzter kann beides: Sich durchsetzen und sich einfügen. Er wählt „situationslogisch"
Die Ebene der Einschätzung / Beurteilung
Beobachter A: Müller setzt sich zu wenig durch, zeigt Führungsschwäche
Beobachter B: Müller reagiert flexibel auf das Kräftefeld im Team
Die Ebene der subjektiven Datenauswahl
Teamleiter Müller: „Wenn Sie alle der Meinung sind, dass wir es einmal probieren sollten, dann stimme ich unter folgendem Vorbehalt zu...."

Quelle: Zapp & Partner Management Consulting und Pof. Dieter Zimmer

Bei der Beurteilung treten aber, bedingt durch subjektive Wahrnehmungen, immer wieder Beurteilungsfehler auf. Typische Beurteilungsfehler, die demotivierend wirken können, sind vor allem:

Abb. 58: Die Beobachtungsfehler

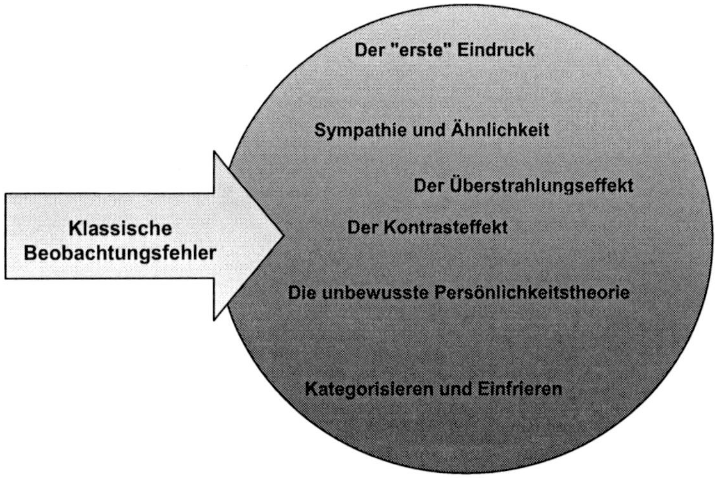

Quelle: Zapp & Partner Management Consulting

1. Der "erste" Eindruck

Die zuerst registrierten Eindrücke über einen Menschen prägen meine folgenden Eindrücke. Um den ersten Eindruck nicht mehr revidieren zu müssen, interpretiere ich neue Informationen im Lichte der vorgefassten Meinung.

Auch Vorinformationen von dritter Seite belasten meine Eindrucksbildung. Der erste Eindruck stellt also die Weichen: Ich reagiere sofort und unwillkürlich mit Interesse oder Abwendung, mit Neugier oder Befremden.

2. Sympathie und Ähnlichkeit

Menschen, die Ähnlichkeit mit mir haben, finde ich sympathisch; umgekehrt gilt: Jemandem, der mir sympathisch ist, schreibe ich ähnliche Merkmale wie mir selbst zu. Ich ordne dem Teilnehmer ähnliche Werte zu, wie ich sie für mich selbst reklamieren würde.

Sympathie und Ähnlichkeitseffekte wirken darüber hinaus, wenn Ähnlichkeiten zwischen dem Teilnehmer und dritten, mir bekannten Personen festgestellt werden. Ich übertrage: Etwas vom Teilnehmer erinnert mich an einen Menschen in der Vergangenheit (Vater, Lehrer, Onkel). Ich reagiere auf den Teilnehmer so, wie ich früher gerne auf die erinnerte Person reagiert hätte.

3. Der Überstrahlungseffekt

Von einem "Gesamteindruck" oder einem hervorstehenden Merkmal schließe ich auf ähnliche Ausprägungen bei anderen Merkmalen. Bewerte ich in einer Übung einen Teilnehmer besonders gut, so bin ich auch gerne bereit, ihn auch in den anderen Übungen hoch zu bewerten (und umgekehrt) (Halo-Effekt, auch "Hof-Effekt“ genannt und damit an den Mond erinnernd, der sich in dunstigen Nächten als Lichtschimmer um den Mond herum bildet).

4. Der Kontrasteffekt

Er entsteht dadurch, dass die Bewertung eines Kandidaten durch das Auftreten des unmittelbar vorher erschienenen Kandidaten beeinflusst wird. Verhalten und Leistung des Vorgängers legen sich wie ein Filter vor die von mir registrierten Verhaltensweisen des Nachfolgers.

5. Die unbewusste Persönlichkeitstheorie

Jeder Mensch urteilt auf der Basis früherer Erfahrungen, die er mehr oder weniger bewusst zu einer Persönlichkeitstheorie verdichtet. Ich gehe z.B. davon aus, dass bestimmte Eigenschaften eines Menschen immer oder nie zusammen vorkommen: "Wer lügt, der stiehlt"; "Dummheit und Stolz wachsen auf einem Holz". "Saubere und Gepflegte sind auch anständig und höflich". Man unterliegt hier dem "logischen" Fehler: Bestimmte Merkmale gehören einfach zusammen.

6. Kategorisieren und Einfrieren

Menschen neigen dazu, anderen Etiketten aufzukleben, sie in bestimmte Rollen zu drängen. Zu dieser Einordnung genügt oft schon ein einziges Merkmal, z.B. vorbestraft. Die Vielfalt der Eigenschaften einer Person wird reduziert auf eine oder wenige "Kerneigenschaften".
Die Klassifizierung wird auf Dauer beibehalten.

8 Abschluss des Arbeitsvertrages

Hat man sich für einen neuen Mitarbeiter entschieden, so steht der Abschluss des Arbeitsvertrages an. Der Arbeitsvertrag markiert den Beginn des Arbeitsverhältnisses. Zwar muss kein schriftlicher Arbeitsvertrag geschlossen werden. Es reicht eigentlich aus, dass die Arbeit tatsächlich aufgenommen wird. Allerdings verlangt das Nachweisgesetz, dass spätestens einen Monat nach Aufnahme der Arbeit der Mitarbeiter eine Ausfertigung der wesentlichen Arbeitsbedingungen erhalten muss. Die Einzelheiten dazu werden an späterer Stelle dargestellt.
Es bietet sich aber an, bereits vor Aufnahme der Tätigkeit einen schriftlichen Vertrag ab zu schließen. Einerseits kann es sein, dass noch einige Zeit bis zur Aufnahme der Tätigkeit vergeht. Dann gibt der schriftliche Vertrag beiden Seiten eine gewisse Sicherheit. In solchen Fällen kann man auch über den Ausschluss der Kündigung vor dem Arbeitsbeginn denken. Es ist mehr als ärgerlich, wenn man nach langer Suche einen neuen Mitarbeiter für eine wichtige Position gefunden hat, dieser aber kurz vor Arbeitsantritt und nach Abschluss des Vertrages absagt. Dann ist man erneut mit einer aufwendigen Suche beschäftigt und verliert wertvolle Zeit. In solchen Fällen bietet sich der Ausschluss der Kündigung vor dem Arbeitsantritt an. Dieser kann auch mit einer Vertragsstrafe belegt werden. Das bedeutet, dass der Arbeitnehmer im Falle des Nichtantritts dem Arbeitgeber eine Summe X zahlen muss. Allerdings ist die Wirkung einer solchen Vereinbarung eher psychologischer Natur, denn die Rechtsprechung setzt der Höhe solcher Zahlungen enge Grenzen. Man sollte daher überlegen, ob es tatsächlich nutzt, solche Klauseln aufzunehmen.
Andererseits besteht in der heutigen Zeit die Notwendigkeit, eine Vielzahl von Punkten zu regeln. Das folgt aus der zunehmend komplex werdenden Arbeitswelt und den Besonderheiten der Tätigkeit gerade in der IT-Branche. Einzelheiten dazu folgen an späterer Stelle.
Sowohl für Arbeitnehmer als auch für den Arbeitgeber stellen sich dabei zahlreiche Fragen. Diese Fragen werden in dem Arbeitsvertrag geregelt.
Der Abschluss des Arbeitsvertrages ist dabei eigentlich ein recht erfreuliches Ereignis. Der neue Mitarbeiter freut sich auf eine neue Herausforderung und das damit verbundene Gehalt, der Unternehmer freut sich über die nun gesteigerte Leistungsfähigkeit seiner Firma.
Durch den Arbeitsvertrag wird diese Freude nun schriftlich fixiert und beide Seiten haben ein Interesse daran, ihre Vorstellungen so weit wie möglich umzusetzen. Dabei geht die Initiative meistens vom Arbeitgeber aus. Da dieser häufiger Arbeitsverträge abschließt, benutzt er dazu meist ein Formular. In diesem sind alle wesentlichen Vertragspunkte enthalten. Bei einigen Punkten kann noch ein Verhandlungsspielraum bestehen. Diese können durch Lücken im Vertragstext berücksichtigt werden.
Zunächst sollte aber geklärt werden, welche Punkte in dem Vertrag aufgenommen werden sollten. Entscheidend sind dabei die Vorstellungen und Interessen der beiden Seiten.

Für den neuen Mitarbeiter ist naheliegender Weise sehr interessant, was er verdienen wird und wieviel Urlaub er erhält. Die Tätigkeit, die er ausführen soll, interessiert auch ihn, denn er wird kaum wollen, dass er eine völlig andere Tätigkeit ausführt, als er erwartet hat und die ihn nicht interessiert.

Für den Arbeitgeber stellt sich der neue Arbeitnehmer zunächst als Kostenfaktor dar. Lohn oder Gehalt und Sozialabgaben summieren sich schnell zu einer hohen Summe. Auch die Frage des Urlaubs ist mit Kosten verbunden. Immerhin muss der Arbeitgeber zahlen, obwohl er keine direkte Gegenleistung erhält.
Die Interessen des Arbeitgebers gehen jedoch weiter. Für ihn stellt sich die Frage in welcher Form er den Arbeitnehmer einsetzen kann, insbesondere ob und wie er auf neue wirtschaftliche Situationen reagieren kann. Denkbar ist zum Beispiel, dass der Arbeitnehmer später in einem anderen Tätigkeitsfeld oder an einem anderen Arbeitsplatz eingesetzt werden muss. Gerade hier ist entscheidend, wie genau der Arbeitsvertrag gefasst wird.
Der Arbeitsvertrag sollte aber auch Möglichkeiten bieten, eine Fehlbesetzung wieder rückgängig zu machen. Dazu dient vor allem die Probezeit. Der gute Eindruck in einem Vorstellungsgespräch muss sich ja nicht immer bewahrheiten. Zudem kann man dabei auch nicht immer einen genauen Eindruck über die tatsächlichen Fähigkeiten des Kandidaten gewinnen. Die tägliche Tätigkeit kann da schnell ein anderes Bild zeigen. Um dann die Konsequenzen ziehen zu können, vereinbart man eine Probezeit, die beiden Seiten einen erleichterten Ausstieg innerhalb einer bestimmten Zeit, üblicherweise einem halben Jahr, ermöglicht. Dabei sollte man darauf achten, dass tatsächlich beide Seiten diese Möglichkeit haben. Auch hier gilt, dass man nicht nur auf seinen eigenen Vorteil achten sollte. Wie diese ausgestaltet werden kann, wird an späterer Stelle dargestellt.

Aber auch im ganz alltäglichen Arbeitsleben ist ein neuer Mitarbeiter stets auch ein Risiko. Er muss seinen Platz in dem Unternehmen ja erst noch finden. Daher sollte er auch die Regelungen über den Arbeitsablauf kennen und auf Besonderheiten hingewiesen werden. Das spart viel Ärger und sichert auch einen möglichst reibungslosen Ablauf. Hierzu gehören insbesondere Regelungen über Rauchverbote und die private Internetnutzung. Gerade solche Punkte können schnell zu Ärger mit der Unternehmensleitung, aber auch, was noch gravierender ist, zu Ärger mit anderen Mitarbeitern führen. Diese sehen den neuen Mitarbeiter unter Umständen als Konkurrenten und es kann schnell zu Konflikten führen, wenn der neue Mitarbeiter aus Unwissenheit die Betriebsordnung nicht beachtet.

Für den Arbeitgeber kann eine Gefahr aber auch von anderer Seite drohen. Ist das Unternehmen im modernen Dienstleistungsbereich, vielleicht gar mit der Erstellung von Software tätig, kann das damit verbundene Know-how auch für Dritte interessant sein. Daher sollte auch in dem Arbeitsvertrag dieser Punkt beachtet werden. Dies kann vor allem durch Geheimhaltungsklauseln geschehen. Dabei kann er auch an einer Sanktionierung von Verstößen interessiert sein. Dabei kann man an die Zahlung von Vertragsstrafen denken. Dies ist natürlich ein sehr unangenehmer Punkt für den neuen Mitarbeiter.

Diese Punkte treffen beim Abschluss des Arbeitsvertrages aufeinander. Für beide Seiten sind entsprechende Regelungen nicht immer angenehm. Kein Arbeitnehmer freut sich, wenn er schon vor Arbeitsbeginn etwas über Kündigungen lesen muss oder gar Vertragsstrafen und Geheimhaltungsklauseln auftauchen.

Welche Punkte in Arbeitsverträgen geregelt werden sollten oder können, wird ausführlich im vierten Teil behandelt. Dort werden auch die rechtlichen Möglichkeiten vorgestellt. Die eben dargelegten Überlegungen sollen in soweit nur als Hinweis dienen.

Durch solche Passagen werden neue Mitarbeiter häufig verschreckt, die positive Einstellung gegenüber der neuen Tätigkeit geht schnell verloren. Allerdings kann hier die Psychologie helfen. Beim Lesen längerer Texte lässt nämlich die Aufmerksamkeit in der Mitte des Textes nach. Anfang und Ende werden jedoch genauer gelesen. Es bietet sich daher an, für den Arbeitnehmer unangenehme Passagen in der Mitte des Arbeitsvertrages zu verstecken.
Allerdings sollte man nicht aus den Augen verlieren, dass beide Seiten in Zukunft vertrauensvoll miteinander arbeiten sollen. Dieses Vertrauen besteht vor dem Beginn des Arbeitsverhältnisses. Man sollte daher nicht außer Acht lassen, dass dieses Vertrauen schon recht früh geschmälert werden kann, wenn man zu einseitige Vertragsbedingungen stellt und diese auch noch versteckt werden. Dann fühlt sich der Mitarbeiter schnell überrumpelt und das Vertrauen ist dahin (Vgl. Hümmerich 2004 S. 53f.) . Aus diesem Grund sollte man auch vermeiden, dass in dem Arbeitsvertrag offensichtlich Kleingedrucktes einen Großteil des Schriftstücks ausmacht. Eine sehr kleine Schriftgröße wird oft mit zweifelhaften Geschäftsbedingungen in Verbindung gebracht und sorgt daher schnell für einen faden Beigeschmack.

Der Arbeitsvertrag muss schließlich auch noch von beiden Seiten unterzeichnet werden. Da der Entwurf des Vertrages meist von Arbeitgeberseite stammt, unterschreibt der Arbeitgeber ihn zuerst. Ob man dem neuen Mitarbeiter um eine Unterschrift vor Ort, im Anschluss an ein Treffen bittet, oder ihm den Arbeitsvertrag zur vorherigen Durchsicht zuschickt und um Zusendung der unterschriebenen Kopie bittet, ist vom rechtlichen Standpunkt her gleichgültig. Besser für das Vertrauen dürfte aber die zweite Möglichkeit sein. Dann hat der Arbeitnehmer nämlich auch die Chance, den Vertrag nochmals in aller Ruhe zu lesen. Das dürfte für das gegenseitige Vertrauen von Vorteil sein.

9 Das Betriebsverfassungsgesetz und das Tarifrecht

Das deutsche Arbeitsrecht ist nicht in einem zusammenhängenden Gesetz geregelt. Auf den Arbeitsvertrag ist zunächst das BGB anwendbar. Daneben bestehen einige Gesetze, die dem Schutz des Arbeitnehmers dienen. Dazu gehört das Kündigungsschutzgesetz (KSchG). Es gibt auch gesetzliche Regelungen, die die Arbeitsbedingungen festlegen, wie das Arbeitszeitgesetz und das Urlaubsgesetz. Diese Regelungen bestimmen aber nur die Mindestanforderungen. Im Übrigen sind Arbeitnehmer und Arbeitgeber frei, den Inhalt des Arbeitsverhältnisses zu bestimmen. Allerdings unterscheiden sich die Verhandlungspositionen deutlich. Für den Arbeitnehmer bietet das Arbeitsverhältnis in der Regel die einzige Einnahmequelle. Er ist wirtschaftlich vom Arbeitgeber abhängig.
Um diesen Unterschied auszugleichen und eine Verbesserung der Arbeitsbedingungen zu erreichen, hat der Gesetzgeber Möglichkeiten geschaffen, um die Arbeitnehmer stärker an den Entscheidungen des Arbeitgebers zu beteiligen. Dazu dient einerseits das Tarifrecht und andererseits das Betriebsverfassungsgesetz.
Das Tarifrecht ermöglicht die Regelung der Arbeitsbedingungen zwischen Arbeitgebern und Arbeitnehmern. Die Interessen der Arbeitnehmer werden dabei von Gewerkschaften vertreten. Da diese eine große Zahl von Arbeitnehmern vertreten und ihre Mitglieder den Forderungen durch Streiks Nachdruck verleihen können, besteht hier das Ungleichgewicht zwischen Arbeitnehmern und Arbeitgebern nicht. Durch das Tarifrecht werden dabei die Arbeitsbedingungen der Arbeitnehmer geregelt.
Das Betriebsverfassungsgesetz zielt auf den Interessenausgleich innerhalb des Unternehmens ab. Auch dort kollidieren die Interessen von Arbeitnehmern und Arbeitgebern. Um diesen Konflikt zu lösen, sieht das Betriebsverfassungsgesetz die Bildung von Betriebsräten vor und regelt deren Rechte im Unternehmen. Die Betriebsräte sind demnach an Entscheidungen im Unternehmen zu beteiligen.

9.1 Das Tarifrecht

Gegenstand des Tarifrechts sind die Arbeitsbedingungen der Arbeitnehmer. Die Grundlagen des Tarifrechts werden im Tarifvertragsgesetz (TVG) geregelt. Es definiert den Begriff des Tarifvertrages, bestimmt, wer einen Tarifvertrag abschließen kann, und setzt den möglichen Inhalt eines Tarifvertrages fest (eingehend: Hromadla Marschmann Arbeitsrecht II S.38ff). Das Mittel des Tarifrechts ist der Tarifvertrag. Darunter versteht man einen schriftlichen Vertrag, der zwischen tariffähigen Parteien geschlossen wird, die Rechte und Pflichten der Parteien in einem Arbeitsverhältnis regelt und dabei Rechtsnormen festlegt.
Ein Tarifvertrag kann daher nur von bestimmten Gruppen abgeschlossen werden. Auf der Seite der Arbeitnehmer stehen dabei die Gewerkschaften. Sie geben in ihrer Satzung vor, für welchen Bereich sie Tarifverträge abschließen. Das erfolgt einerseits durch eine Festlegung auf eine bestimmte Branche. Zum anderen wird auch ihr örtlicher Wirkungskreis festgelegt, sie können daher nur in einer bestimmten Region tätig werden.
Auf der Arbeitgeberseite steht üblicherweise ein Arbeitgeberverband. Ist ein Unternehmer Mitglied in einem Arbeitgeberverband, ist dieser grundsätzlich zum Abschluss eines Tarifvertrages ermächtigt. Der Arbeitgeber kann dies aber

ausschließen. Dann oder, wenn er nicht Mitglied in einem Arbeitgeberverband ist, kann der Unternehmer selbst einen Tarifvertrag abschließen. In diesem Fall spricht man von einem Firmentarifvertrag.
Tarifverträge werden üblicherweise für eine bestimmte Branche und eine bestimmte Region abgeschlossen. Dieser Geltungsbereich wird dann im Tarifvertrag selbst bestimmt.

Inhaltlich kann man Rahmen- bzw. Manteltarifverträge und Lohntarifverträge unterscheiden. In einem Rahmentarifvertrag werden Arbeitszeiten, Urlaubsansprüche und Kündigungsfristen geregelt. Im Lohntarifvertrag werden Lohn und Gehalt sowie Sonderzuwendungen festgelegt. In beiden Fällen wird in dem Tarifvertrag eine bestimmte Laufzeit bestimmt. Dabei laufen Rahmentarifverträge über längere Zeiträume und Lohntarifverträge nur ein oder zwei Jahre.

a) Inhalt des Tarifvertrages

Der Tarifvertrag kann inhaltlich in zwei Teile aufgeteilt werden. Zum einen gibt es einen schuldrechtlichen Teil. Dieser regelt das Verhältnis zwischen Arbeitgeber bzw. Arbeitgeberverband einerseits und Gewerkschaft andererseits. In diesem Teil sind Regelungen über das Inkrafttreten und die Laufzeit des Tarifvertrages, seine Kündigung und die Friedens- und Durchführungspflicht zu finden. Er kann auch Regelungen für Konflikte enthalten, beispielsweise ein Schlichtungsverfahren. Während der Laufzeit eines Tarifvertrages sind Arbeitskampfmaßnahmen grundsätzlich nicht zulässig. Damit erfüllt der Tarifvertrag eine Friedenssicherungsfunktion.

Der normative Teil des Tarifvertrages enthält Bestimmungen, die die Arbeitsverhältnisse zwischen den Arbeitsvertragsparteien unmittelbar regelt. Hierzu gehören Regelungen hinsichtlich des Abschlusses und des Inhalts von Arbeitsverträgen, sowie deren Beendigung. Er kann aber auch Betriebsnormen enthalten. Dazu gehören Regelungen im Hinblick auf betriebliche Fragen, insbesondere Ordnungsvorschriften im Betrieb.
Im Bereich der Regelungen im Bezug auf den Abschluss von Arbeitsverträgen kann der Tarifvertrag vorsehen, dass der Arbeitgeber bestimmte Personen nicht einstellen darf, andere Personen einstellen muss oder das für den Abschluss von Arbeitsverhältnissen eine bestimmte Form eingehalten werden muss.
Der Teil, der sich auf den Inhalt von Arbeitsverhältnissen bezieht, regelt vor allem die Frage des Entgelts, der Arbeitszeit und des Urlaubs. So kann der Tarifvertrag festlegen, welches Entgelt gezahlt wird, ob es als Zeit- oder Leistungslohn gezahlt wird, welche Zuschläge gezahlt werden sollen, beispielsweise ein 13. Monatsgehalt. Dazu können Regelungen hinsichtlich der Entgeltfortzahlung im Krankheitsfalle kommen.
Im Bereich der Arbeitszeit sieht der Tarifvertrag üblicherweise eine bestimmte Zahl von Arbeitsstunden vor. Er kann aber auch Regelungen bezüglich Mehr- oder Kurzarbeit sowie der Arbeit an Sonn- oder Feiertagen und zur Nachtzeit enthalten.
Schließlich beinhaltet der Tarifvertrag auch Regelungen über den Urlaub der Arbeitnehmer, dabei insbesondere hinsichtlich der Dauer des Jahresurlaubs und der Zahlung von Urlaubsgeld.
Bei der Beendigung von Arbeitsverträgen kann der Tarifvertrag Regelungen zur Befristung von Arbeitsverhältnissen treffen. Er kann auch Vorgaben für den Ab-

schluss von Aufhebungsverträgen machen. Auch das Kündigungsrecht kann durch einen Tarifvertrag verändert werden. So können Gründe für eine außerordentliche Kündigung festgelegt werden. Möglich ist auch, das ordentliche Kündigungsrecht des Arbeitgebers zu erschweren, beispielsweise durch die Verlängerung von Kündigungsfristen.
Im Falle einer Befristung kann der Tarifvertrag vorsehen, dass eine Abweichung von der gesetzlichen Regel im Hinblick auf die Anzahl der Verlängerungen oder der Höchstdauer der Befristung möglich ist. Schließlich können auch sachliche Gründe festgelegt werden. Die Einzelheiten hierzu werden im Teil über den Inhalt des Arbeitsverhältnisses zusammengefasst.

b) Geltung des Tarifvertrages

Der normative Teil des Tarifvertrages gilt für Arbeitsverhältnisse zwischen Arbeitgebern und Arbeitnehmern, die an den Tarifvertrag gebunden sind. Die dort enthaltenen Regelungen gelten unmittelbar für alle Arbeitsverhältnisse, die an den Tarifvertrag gebunden sind. Das bedeutet, dass diese Regelungen selbst dann anwendbar sind, wenn sie nicht in den Arbeitsvertrag aufgenommen werden. Die Bindung an den Tarifvertrag besteht, wenn einerseits der Arbeitgeber entweder selbst oder durch einen Arbeitgeberverband den Tarifvertrag abgeschlossen hat, und andererseits der Arbeitnehmer Mitglied der abschließenden Gewerkschaft ist. Dabei ändert ein Austritt des Arbeitgebers während der Tariflaufzeit nichts an der Bindung. Zwar fehlt es dann an der Mitgliedschaft des Arbeitgebers in dem Arbeitgeberverband. Diese muss aber vorliegen, damit eine Bindung entsteht. In diesem Fall gilt der Tarifvertrag aber fort, bis eine neue Regelung getroffen wird.

c) Allgemeinverbindlichkeit

In Ausnahmefällen können auch Nichtmitglieder an den Tarifvertrag gebunden sein. Dies ist der Fall, wenn der Tarifvertrag für allgemeingültig erklärt wurde (§5 TVG). Bei der Allgemeinverbindlichkeitserklärung werden auch die Arbeitsverträge erfasst, die nicht unter den Tarifvertrag fallen. Sie erfolgt durch den Bundes- oder Landesarbeitsminister im Einvernehmen mit dem Tarifausschuss. Dieser besteht aus drei Vertretern der Gewerkschaften und drei Vertretern der Spitzenorganisation der Arbeitgeber. Die Allgemeinverbindlichkeitserklärung kann allerdings nur erfolgen, wenn eine Seite dies beantragt. Zudem müssen die tarifgebundenen Arbeitgeber mindestens die Hälfte der Arbeitnehmer in der Branche, die der Tarifvertrag erfasst, beschäftigen, und die Allgemeinverbindlichkeitserklärung muss im öffentlichen Interesse stehen. Allgemeinverbindlichkeitserklärungen bestehen derzeit vor allem im Baugewerbe.

d) Geltung für nicht tarifgebundene Arbeitsverhältnisse

Wie bereits gezeigt wurde, gelten Tarifverträge streng genommen nur für Arbeitnehmer, die auch Mitglieder der abschließenden Gewerkschaft sind. Für Nichtmitglieder gelten die Regelungen des Tarifvertrages zumindest nicht unmittelbar. Allerdings werden sie durch eine Bezugnahme in dem Arbeitsvertrag auch bei Nichtmitgliedern anwendbar. Dabei handelt es sich aber nur um eine Folge der Aufnahme in den Vertrag. Die Bezugnahme kann dabei entweder durch den Hinweis auf einen ganz bestimmten Tarifvertrag erfolgen oder durch den Hinweis, dass der jeweils geltende Tarifvertrag anwendbar sein soll.

e) Abweichungen vom Tarifvertrag

Von den Regelungen im Tarifvertrag kann auch abgewichen werden. Diese Möglichkeit eröffnet § 4 Abs.3 TVG. Allerdings ist dies nicht uneingeschränkt möglich. Sinn des Tarifrechts ist gerade, die Interessen der Arbeitnehmer gegen die Interessen der Arbeitgeber zu schützen. Wenn die Arbeitgeber nun durch vertragliche Vereinbarungen mit den Arbeitnehmern vom Tarifvertrag abweichen, ist dieses Ziel in Gefahr.
Dennoch besteht die Möglichkeit des Abweichens. Zum einen ist dies möglich, wenn die zwischen Arbeitgeber und Arbeitnehmer geschlossene Vereinbarung für den Arbeitnehmer günstiger ist. Das bedeutet, dass der Arbeitnehmer dadurch mehr erhält, als ihm laut Tarifvertrag zusteht. Wenn beispielsweise der Tarifvertrag einen Urlaubsanspruch von 26 Tagen vorsieht, der Arbeitsvertrag allerdings 28 Tage Urlaub, so ist die Regelung im Arbeitsvertrag wirksam. Der Arbeitnehmer kann dann 28 Tage Urlaub verlangen. Entscheidend dabei ist die Günstigkeit der Regelung im Arbeitsvertrag. Sie wird allerdings nicht generell betrachtet, sondern muss sich auf einen konkreten Punkt beziehen. Der Vergleich erfolgt anhand von Sachgruppen. Dabei werden bestimmte Elemente des Arbeitsverhältnisses betrachtet. Diese müssen vergleichbar sein. Es ist daher nicht möglich, im Arbeitsvertrag ein höheres Entgelt zu vereinbaren, dafür aber eine geringere Zahl von Urlaubstagen zu verlangen.
Schließlich ist eine Abweichung auch möglich, wenn der Tarifvertrag eine so genannte Öffnungsklausel enthält. Das bedeutet, dass der Tarifvertrag ausdrücklich die Möglichkeit vorsieht, von den Regelungen im Tarifvertrag abzuweichen.

9.2 Das Betriebsverfassungsrecht

a) Mitbestimmungsrechte des Betriebsrates in personellen Angelegenheiten

Der Betriebsrat wirkt auch im Bereich der personellen Angelegenheiten mit. Zunächst muss er bei der Personalplanung beteiligt werden. Die Mitbestimmung beginnt mit dem Recht des Betriebsrates, über die Personalplanung informiert zu werden (§92 BetrVG). Das betrifft sämtliche Bereiche der Personalpolitik und beginnt bereits mit der Personalbedarfsplanung. Der Betriebsrat muss also informiert werden, wenn der Unternehmer Planungen hinsichtlich der Erweiterung oder Verringerung der Belegschaft durchführt. Allerdings muss diese Planung konkret sein, und der Unternehmer muss sie auch realisieren wollen. Bloße Planspiele, die nicht umgesetzt werden sollen, lösen keine Informationsrechte aus. Die Informationsrechte bestehen auch im Bereich der Personalbeschaffungs- und Personalabbauplanung sowie bei der Planung von Personalentwicklung, Personaleinsatz und Personalkosten.
Der Betriebsrat hat zudem das Recht, im Falle einer Stellenausschreibung zu verlangen, dass die Stelle zunächst intern in demselben Betrieb ausgeschrieben wird.

Wenn bei der Personalauswahl Fragebögen verwendet werden, muss der Betriebsrat der Verwendung zustimmen (§94 BetrVG). Er kann die Zustimmung verweigern, die dann jedoch durch die Zustimmung einer Einigungsstelle ersetzt werden kann.
Dabei fasst die Rechtsprechung den Begriff des Fragebogens recht weit, der Betriebsrat muss auch zustimmen, wenn der Fragebogen nicht von dem Bewerber selbst ausgefüllt wird, sondern der Arbeitgeber bei Bewerbungsgesprächen eine Checkliste verwendet. Die Einzelheiten hierzu werden später im Rahmen der Personalplanung dargestellt.
Auch wenn die Arbeit von Mitarbeitern mit Hilfe von Beurteilungsgrundsätzen bewertet werden soll, muss der Betriebsrat diesen Grundsätzen zustimmen. Dazu gehören die Merkmale, die zur Bewertung herangezogen werden, ebenso wie die einzelnen Beurteilungsstufen und das Verfahren zur Personalführung.
Wenn für bestimmte personelle Maßnahmen Auswahlrichtlinien aufgestellt werden, muss der Betriebsrat auch zustimmen. Personelle Maßnahmen können dabei Einstellung, Versetzung und Umgruppierung sein. Auch bei Kündigungen muss der Betriebsrat beteiligt werden. Was darunter im einzelnen zu verstehen ist, wird im folgenden dargestellt. Auswahlrichtlinien dienen jedenfalls dazu, die einheitliche Bewertung der Mitarbeiter zu gewährleisten.

Der Betriebsrat muss aber nicht nur bei der allgemeinen Planung der Personalentwicklung beteiligt werden. Auch Einzelmaßnahmen können lediglich unter Mitwirkung des Betriebsrates durchgeführt werden. Das gilt jedoch nur, wenn der Betrieb in der Regel mehr als 20 Arbeitnehmer beschäftigt (§99BetrVG).
Personelle Einzelmaßnahmen sind dabei die Einstellung von neuen Mitarbeitern, die Versetzung und Ein- oder Umgruppierung von Mitarbeitern. Auch bei Kündigungen muss der Betriebsrat nach § 102 BetrVG angehört werden. Das gilt unabhängig von der Betriebsgröße.

b) Einstellung

Der Betriebsrat muss zunächst einmal der Neueinstellung eines Mitarbeiters zustimmen. Dabei ist nicht nur der erstmalige Abschluss eines neuen unbefristeten Arbeitsverhältnisses gemeint. Der Betriebsrat muss auch zustimmen, wenn ein befristetes Arbeitsverhältnis verlängert oder ein Leiharbeiter eingestellt werden soll. Der Betriebsrat muss aber nicht zustimmen, wenn Fremdfirmen eingesetzt werden sollen oder ein freier Mitarbeiter eingestellt wird.
Der Arbeitgeber muss dem Betriebsrat dazu die Bewerbungsunterlagen vorlegen. Wenn Unklarheiten bestehen, muss der Arbeitgeber weitere Auskünfte geben. Das gilt insbesondere, wenn unklar ist, ob die Zustimmung erforderlich ist.

Der Betriebsrat hat bei einer Einstellung drei Möglichkeiten, zu reagieren. Er kann einerseits seine Zustimmung ausdrücklich erklären. Dieses Verfahren kann recht aufwändig sein. Daher hat der Gesetzgeber für die Zustimmung eine Frist gesetzt. Sie beträgt eine Woche (§99 BetrVG). Reagiert der Betriebsrat innerhalb dieser Zeit nicht, so gilt die Zustimmung als erteilt. Die Wochenfrist beginnt aber erst mit der vollständigen Unterrichtung des Betriebsrates.
Will der Betriebsrat nicht zustimmen, so muss er dies innerhalb der Wochenfrist schriftlich anzeigen. Er kann die Zustimmung aber nur bei Vorliegen bestimmter

Gründe verweigern. Diese Gründe muss er auch in der Zustimmungsverweigerung angeben.
Er kann die Zustimmung verweigern, wenn die Einstellung gegen ein gesetzliches Verbot verstoßen würde. Bestehen in dem Betrieb Auswahlrichtlinien, und hat der Arbeitgeber sich nicht an diese gehalten, kann der Betriebsrat ebenfalls die Zustimmung verweigern. Er kann sie auch verweigern, wenn durch die Neueinstellung die Kündigung eines bestehenden Arbeitsverhältnisses droht oder daraus sonstige schwere Nachteile für die Belegschaft resultieren. Ein weiterer Grund für die Verweigerung ist die Benachteiligung der betroffenen Arbeitnehmer oder die unterbliebene innerbetriebliche Ausschreibung. Schließlich kann der Betriebsrat die Zustimmung verweigern, wenn durch die Neueinstellung der Betriebsfriede gestört wird. Verweigert der Betriebsrat die Zustimmung unter Angabe eines Grundes kann der Arbeitgeber beim Arbeitsgericht die Ersetzung der Zustimmung beantragen. Er darf nur unter den Voraussetzungen des § 100 BetrVG die Einstellung vor der Entscheidung des Arbeitsgerichts durchführen. Dazu müssen jedoch dringende betriebliche Gründe vorliegen. Liegen diese Voraussetzungen nicht vor, kann der Betriebsrat gegen die Einstellung gerichtlich vorgehen.

c) Versetzung

Auch die Versetzung eines Arbeitnehmers kann nur mit der Zustimmung des Betriebsrates erfolgen. Dies gilt ebenso nur ab einer bestimmten Betriebsgröße.
Versetzung bedeutet dabei die Zuweisung eines neuen Arbeitsbereiches. Der Arbeitnehmer muss zukünftig in einem anderen Bereich tätig werden. Es reicht aber auch aus, dass sich die Arbeitsumstände erheblich ändern. Eine Versetzung liegt jedoch nicht vor, wenn nur kurzfristig eine andere Aufgabe übertragen wird. Der Arbeitgeber muss vielmehr davon ausgehen, dass der Arbeitnehmer voraussichtlich über einen Monat in dem neuen Bereich tätig sein wird.
Eine Versetzung liegt vor, wenn sich Art und Ort der Tätigkeit und die Eingliederung in der betrieblichen Organisation ändert. Beispiele hierfür sind die Übertragung einer neuen Arbeitsaufgabe oder ein neuer Einsatzort. Beim Einsatzort muss aber eine erhebliche Veränderung stattfinden. Der bloße Umzug in ein Nebengebäude reicht nicht aus. Wird der Arbeitnehmer im Rahmen von Projekten an verschiedenen Orten tätig, liegt keine Versetzung vor, wenn er ein neues Projekt beginnt.
Eine Versetzung liegt nur dann vor, wenn sich die Arbeitsumstände eines Arbeitnehmers erheblich ändern.
Wenn tatsächlich eine Versetzung vorliegt, hat der Betriebsrat die gleichen Möglichkeiten wie bei einer Neueinstellung. Er muss zunächst umfassend unterrichtet werden. Dann kann er innerhalb einer Wochenfrist entweder die Zustimmung erteilen, oder die Frist verstreichen lassen. Letzteres hat zur Folge, dass die Zustimmung als erteilt gilt. Will er die Zustimmung verweigern, so muss er dass schriftlich und dies unter Angabe eines Grundes tun. Auch hier kann der Arbeitgeber die Ersetzung der Zustimmung beim Arbeitsgericht beantragen. Für vorläufige Maßnahmen gilt dasselbe wie für Einstellungen.

d) Ein- und Umgruppierung

Auch die Ein- oder Umgruppierung von Arbeitnehmern ist nur mit Zustimmung des Betriebsrates möglich. Unter einer Eingruppierung versteht man dabei die Einordnung eines Arbeitnehmers in eine bestimmte Entgelt- oder Zulagengruppe. Bei der Umgruppierung wird ein Arbeitnehmer in eine andere Entgeltgruppe eingeordnet. Dies geschieht beispielsweise bei der Beförderung eines Arbeitnehmers. Auch bei diesen Maßnahmen muss der Betriebsrat rechtzeitig umfassend informiert werden und hat dieselben Reaktionsmöglichkeiten wie bei einer Versetzung.

e) Kündigung

Auch bei der Kündigung eines Arbeitnehmers muss der Betriebsrat beteiligt werden. Er muss zwingend stets vor der Kündigung angehört werden. Der Arbeitgeber muss ihm vorab mitteilen, welchen Arbeitnehmer er entlassen will und aus welchem Grund dies geschehen soll.
Für die Anhörung ist Vorsitzende des Betriebsrates zuständig. Der Betriebsrat muss der Kündigung nicht zustimmen. Allerdings kann er innerhalb einer bestimmten Frist zu der Kündigung Stellung nehmen. Geschieht das nicht, gilt die Zustimmung mit Ablauf der Frist als erteilt.
Der Betriebsrat kann der Kündigung auch widersprechen. Das ist aber nur in bestimmten Fällen möglich. Diese Gründe werden in § 102 BetrVG aufgezählt. Der Widerspruch ist möglich, wenn der Arbeitnehmer in dem Unternehmen weiterbeschäftigt werden kann. Dabei kommt eine Weiterbeschäftigung auf einem anderen Arbeitsplatz, nach einer Fortbildungsmaßnahme oder mit Zustimmung des Arbeitnehmers zu geänderten Vertragsbedingungen in Betracht. Daneben kann der Betriebsrat rügen, dass der Arbeitnehmer nicht nach sozialen Gesichtspunkten ausgewählt wurde oder bei seiner Auswahl Richtlinien zur Personalauswahl nicht eingehalten worden sind. Der Widerspruch des Betriebsrates hat zur Folge, dass der Arbeitgeber den Arbeitnehmer während eines arbeitsgerichtlichen Verfahrens weiterbeschäftigen muss, wenn der Arbeitnehmer das beantragt.

f) Formen der Zusammenarbeit

Wie eben gezeigt wurde, hat der Betriebsrat weitgehende Rechte auf Beteiligung an der Gestaltung der Arbeitsabläufe und der Organisation des Betriebes. Der Unternehmer hat die Möglichkeit, jeden Einzelfall mit dem Betriebsrat zu verhandeln. Er kann aber auch mit dem Betriebsrat Vereinbarungen über die mitbestimmungspflichtigen Tatbestände treffen. Hierzu stehen ihm die Möglichkeiten der Betriebsvereinbarung und der Regelungsabrede offen. Beide setzen zunächst eine Vereinbarung zwischen dem Unternehmer und dem Betriebsrat voraus. Der Unterschied besteht darin, dass bei der Betriebsvereinbarung besondere Formerfordernisse bestehen. Außerdem entfaltet eine Betriebsvereinbarung ähnlich wie ein Tarifvertrag auch Wirkungen im Verhältnis zwischen Unternehmer und Arbeitnehmer. Schließlich kann der Betriebsrat in bestimmten Fällen sogar den Abschluss einer Betriebsvereinbarung vom Unternehmer verlangen.

9.3 Administration bestehender Arbeitsverhältnisse

Besteht ein Arbeitsverhältnis, stellt sich die Frage, wie es sich weiter entwickeln kann. Das betrifft zum einen die Frage, ob der Arbeitnehmer in dem Unternehmen weitere Perspektiven hat, und zum anderen, wie das Arbeitsverhältnis daran angepasst werden kann.

9.3.1 Beurteilungen

Beide Seiten eines Arbeitsverhältnisses haben ein Interesse daran, dass die Erwartungen, die bei Beginn des Vertrages bestanden, auch erfüllt werden. Der Arbeitnehmer möchte in dem Unternehmen Karriere machen und so mehr Verantwortung tragen, aber auch mehr Geld verdienen. Der Arbeitgeber ist andererseits daran interessiert, dass der Arbeitnehmer die ihm übertragenen Aufgaben zu seiner Zufriedenheit erfüllt.

Um dies zu überprüfen, hat der Arbeitnehmer einen Anspruch auf Durchführung eines Beurteilungsgesprächs. Dies ist in § 82 Abs.2 BetrVG geregelt. Er kann das Beurteilungsgespräch in regelmäßigen Abständen verlangen. In dem Gespräch soll der Arbeitgeber ihm seine Einschätzung der von ihm geleisteten Arbeit mitteilen und zugleich die Entwicklungsmöglichkeiten in dem Unternehmen diskutieren. Der Arbeitnehmer kann auch verlangen, dass ein Mitglied des Betriebsrates an dem Gespräch teilnimmt (§82 Abs.2 BetrVG).
Diese Beurteilungsgespräche finden meist in einem formalisierten Verfahren statt. So kann die Bewertung des Mitarbeiters anhand von Beurteilungsbögen erfolgen, die stichpunktartig einzelne Leistungselemente erfassen. Das betrifft sowohl die Leistung des Arbeitnehmers als auch sein Verhalten. Die Einzelheiten des Verfahrens können durch eine Betriebsvereinbarung geregelt werden.
Werden in dem Bogen Beurteilungsgrundsätze verwendet, die dazu dienen, das Verhalten und die Leistung des Arbeitnehmers objektiviert darzustellen und so den Vergleich mit anderen Mitarbeitern zu ermöglichen, muss der Betriebsrat diesen Grundsätzen zustimmen (§94 Abs.2 BetrVG). Das gilt aber nur, wenn die Bögen generell verwendet werden sollen. Kriterien für solche Bögen können Arbeitsqualität und –tempo sein, aber auch Zuverlässigkeit, Organisationsfähigkeit und Kreativität. Zudem kann man das soziale Verhalten des Arbeitnehmers aufnehmen, beispielsweise durch Kriterien wie Kontaktfähigkeit, Hilfsbereitschaft und das Verhalten gegenüber Kollegen und Vorgesetzten.
Wird anhand dieser Kriterien eine schriftliche Beurteilung erstellt, muss sie gem. § 83 BetrVG in die Personalakte aufgenommen werden. Der Arbeitnehmer kann sich gegen unzutreffende Behauptungen wehren und deren Entfernung aus der Personalakte fordern.

Auch der Arbeitgeber hat ein Interesse daran, das Verhalten eines Mitarbeiters zu beurteilen. Insbesondere will er gegen ein mögliches Fehlverhalten des Arbeitnehmers vorgehen, um einen besseren Verlauf in der Zukunft zu erreichen. Hauptinstrument hierfür ist die Abmahnung. Mit ihr rügt der Arbeitgeber ein konkretes Fehlverhalten des Arbeitnehmers und fordert ihn auf, sein Verhalten in der Zukunft zu ändern. Die Abmahnung steht in einem engen Zusammenhang mit der Kündigung durch den Arbeitgeber. An dieser Stelle soll lediglich angezeigt werden, was bei einer Abmahnung zu beachten ist, wenn eine Verhaltensänderung im Hinblick auf die Arbeitsleistung bewirkt werden soll. Eine Abmahnung kann aber auch erfolgen, wenn ein Arbeitnehmer seine Arbeit nicht ordnungsgemäß erledigt. Hier ist allerdings besondere Vorsicht geboten. Man muss den Verstoß des Arbeitnehmers konkret beschreiben und sollte die Abmahnung nicht auf geringe Abweichungen oder Bagatellfälle stützen. Der bloße Hinweis auf zu langsames Arbeiten oder leichte Fehler in der Tätigkeit reichen für eine Abmahnung nicht aus. Die Abmahnung selbst sollte schriftlich erfolgen. Das ist zwar nicht gesetzlich vorgeschrieben, da der Arbeitgeber jedoch die Abmahnung nachweisen muss, sollte diese schriftlich erfolgen. Die Abmahnung kann von jedem ausgesprochen werden, der gegenüber dem Arbeitnehmer weisungsbefugt ist. Eine Anhörung des Mitarbeiters ist nur im Bereich des öffentlichen Dienstes erforderlich. Auch die Abmahnung muss in die Personalakte aufgenommen werden. Wie bei der Beurteilung kann der Arbeitnehmer die Entfernung einer Abmahnung aus der Personalakte verlangen, wenn diese unrichtig ist. Das betrifft vor allem eine falsche Darstellung des Sachverhalts.

9.3.2 Veränderungen des Arbeitsverhältnisses

Im weiteren Verlauf kann es auch dazu kommen, dass das Arbeitsverhältnis verändert werden soll. Das kann durch die Zuweisung eines neuen Aufgabengebietes oder die Zuordnung zu einer neuen Abteilung geschehen. Auch die Arbeitszeit oder das Entgelt können sich ändern.
Soll der Arbeitnehmer in einem anderen Tätigkeitsfeld eingesetzt werden, stellt sich zunächst die Frage, ob der neue Aufgabenbereich noch von seinem Arbeitsvertrag erfasst wird. Ist dies nicht der Fall, besteht zunächst die Möglichkeit, gemeinsam mit dem Arbeitnehmer eine Vereinbarung zu treffen. Ist dies nicht möglich, kann der Arbeitgeber eine Änderungskündigung aussprechen.

a) Versetzung

Soll der Arbeitnehmer versetzt werden und in der neuen Position mindestens einen Monat lang arbeiten, so muss der Betriebsrat gem. § 99 BetrVG beteiligt werden. Dabei ist es nicht erforderlich, dass tatsächlich länger als einen Monat die Stelle gewechselt wird. Es reicht aus, dass der Arbeitgeber davon ausging, dass der Arbeitnehmer voraussichtlich einen Monat lang an der neuen Stelle tätig sein würde.
Eine Versetzung setzt voraus, dass sich Art und Ort der Tätigkeit und die Eingliederung in die betriebliche Organisation ändern. Das kann durch die Übertragung eines neuen Aufgabengebietes oder die Zuteilung zu einem neuen Arbeitsort geschehen. Bei Änderungen des Arbeitsortes muss eine erhebliche Veränderung stattfinden, ein Umzug in ein Nebengebäude reicht nicht aus. Problematisch kann dabei insbesondere ein Wechsel des Arbeitsortes sein. Soll in einer anderen Stadt gearbeitet werden, stellt sich die Frage, ob dies noch von dem bestehenden Arbeitsvertrag abgedeckt wird. Ist ein Arbeitnehmer im Rahmen einer Projekttätigkeit eingestellt, so liegt beim Wechsel des Projekts keine Versetzung vor.
Bestehen in dem Unternehmen Auswahlrichtlinien für die Versetzung, so müssen diese beachtet werden.

b) Umgruppierung

Auch Änderungen des Entgelts können ein Beteiligungsrecht des Betriebsrates auslösen. Das betrifft nicht die Fälle, in denen die Vergütung wegen einer tariflichen Erhöhung ansteigt. Die Mitwirkung besteht nur, wenn der Mitarbeiter in eine andere Vergütungsgruppe eingestuft werden soll. Auch bei Umgruppierungen müssen eventuell bestehende Auswahlrichtlinien beachtet werden.

c) Änderung der Arbeitszeit

Auch Veränderungen der Arbeitszeit können erforderlich sein. Soweit es dabei um Überstunden oder Kurzarbeit geht, wurden die Einzelheiten bereits dargestellt. Soll grundsätzlich länger oder kürzer gearbeitet werden, ist eine Anpassung des Arbeitsvertrages notwendig. Das kann einerseits durch eine gemeinsame Vereinbarung zwischen Arbeitgeber und Arbeitnehmer geschehen. Andererseits besteht ebenfalls die Möglichkeit der Änderungskündigung.
Eine Besonderheit besteht mittlerweile auf der Seite des Arbeitnehmers. Dieser kann auf Grundlage des Teilzeit- und Befristungsgesetzes eine Verkürzung oder Verlängerung seiner Arbeitszeit verlangen. Er kann zudem eine bestimmte Verteilung der kürzeren Arbeitszeit verlangen.

9.4 Planung von Personalbedarf und Personalauswahl aus rechtlicher Sicht

9.4.1 Einstellung von Mitarbeitern

a) Ablauf des Verfahrens

Der Arbeitgeber kann jederzeit die Entscheidung treffen, neue Arbeitsplätze in seinem Betrieb zu schaffen. Dabei kann es sich um neue Stellen handeln, aber auch die Wiederbesetzung frei gewordener Stellen ist möglich. Bevor der Unternehmer die Entscheidung trifft, neue Stellen zu schaffen, wird er zunächst analysieren, ob die geplante Entwicklung des Unternehmens mit den vorhandenen Mitarbeitern möglich ist. Kommt er dabei zu dem Ergebnis, dass der vorhandene Stamm nicht ausreicht, kann er den Entschluss fassen, neue Mitarbeiter einzustellen. Dabei wird er zunächst ein Profil der neuen Mitarbeiter entwerfen und dann mit der eigentlichen Stellenbesetzung beginnen.
Die Stellenbesetzung beginnt mit der Ausschreibung der Stelle. An diese schließt sich das eigentliche Auswahlverfahren an. Im Rahmen des Auswahlverfahrens versucht der Arbeitgeber, den Kandidaten zu finden, der nicht nur die erforderliche fachliche Qualifikation besitzt, sondern auch menschlich am bestem in das Unternehmen passt. Diesem Kandidaten wird er dann ein Vertragsangebot unterbreiten.
Bei diesen Schritten muss der Unternehmer einerseits die Beteiligungsrechte des Betriebsrates und andererseits die Belange der Kandidaten berücksichtigen. Die dabei zu beachtenden Punkte werden im Folgenden dargestellt.

Grundsätzlich ist der Unternehmer frei, sein Personal auszuwählen. Ausnahmen bestehen im Falle von Schwerbehinderten. Ab einer bestimmten Größe des Unternehmens ist er verpflichtet, bei der Beschäftigung Behinderte besonders zu berücksichtigen. Behinderte sind dabei Menschen, bei denen die körperliche Funktion, die geistige Fähigkeit oder seelische Gesundheit mit hoher Wahrscheinlichkeit länger als sechs Monate von dem für das Lebensalter typischen Zustand abweicht, und daher ihre Teilhabe am Leben in der Gesellschaft beeinträchtigt ist. Mittlerweile reicht es für den Status als Behinderter aus, wenn eine solche Beeinträchtigung droht.
Beschäftigt ein Arbeitgeber in der Regel mehr als 20 Arbeitnehmer, so sollten dabei mindestens 5 % schwerbehindert sein. Erfüllt der Arbeitgeber diese Verpflichtung nicht, so ist er zur Leistung von Ausgleichszahlungen verpflichtet. Deren Höhe hängt von der Zahl der beschäftigten Schwerbehinderten ab. Beschäftigt der Arbeitgeber nur 3-5 %, so beträgt der Ausgleich 105 € und bei einer Quote von 2-3 % steigt er auf 180 €. Bei einer niedrigeren Quote muss er 260 € pro fehlender Stelle zahlen.

Der Prozess der Besetzung der neuen Stelle kann in mehrere Schritte unterteilt werden. Nach der Stellenausschreibung und dem Erhalt der Bewerbungsunterlagen folgt das Auswahlverfahren. Dies kann durch klassische Vorstellungsgespräche, aber auch durch Tests erfolgen. An den Gesprächen sollten sowohl Mitarbeiter der Personalabteilung als auch Mitarbeiter der zu erweiternden Abteilung teilnehmen. So kann eine genauere Einschätzung des Kandidaten erfolgen.

Nachdem die Vorstellungsgespräche und Tests abgeschlossen sind, wird sich der Unternehmer für einen Kandidaten entscheiden, und ihm ein Vertragsangebot machen. Das kann im Rahmen eines persönlichen Gesprächs geschehen. Dies bietet sich an, wenn noch nicht alle Punkte vollständig geklärt sind, oder der Kandidat noch weitere Mitarbeiter kennen lernen soll. Es ist aber auch möglich, dem Bewerber einen unterschriftsreifen Vertrag zuzusenden.

b) Rechte und Pflichten des Arbeitgebers

aa) Stellenausschreibung

Die Stellenausschreibung kann entweder über eine Annonce in der Presse beziehungsweise dem Internet oder durch Einschaltung der Agentur für Arbeit oder aber eines Personaldienstleisters geschehen. Die Stellenausschreibung muss geschlechtsneutral formuliert werden (§611b BGB), wenn die Tätigkeit nicht nur von einem Geschlecht ausgeübt werden kann. Ein Verstoß dagegen wird nicht sanktioniert, kann aber im weiteren Verlauf zu einem Schadensersatzanspruch aus § 611 a BGB führen.
Die Stellenausschreibung sollte eine detaillierte Beschreibung der Tätigkeit enthalten und Angaben über die erforderliche oder gewünschte Qualifikation des Bewerbers machen. Sie sollte zudem Angaben über die einzureichenden Unterlagen, den möglichen Einstellungstermin und die tarifliche Eingruppierung enthalten. Schließlich sollte ein Ansprechpartner angegeben werden, der auch für eventuelle Rückfragen zur Verfügung steht. Will das Unternehmen möglichst schnell

eine Entscheidung treffen, kann es die Einsendung der Unterlagen bis zu einem bestimmten Zeitpunkt verlangen.

Auf die Stellenanzeige hin erhält der Arbeitgeber die Unterlagen der Bewerber. Er ist verpflichtet, die Unterlagen pfleglich zu behandeln und im Falle einer erfolglosen Bewerbung an den Bewerber zurückzusenden. Diese Verpflichtung besteht aber nur, wenn die Bewerbung auf eine Stellenanzeige erfolgte. Bei Blindbewerbungen muss der Arbeitgeber die Unterlagen nicht zurücksenden.

bb) Das Auswahlverfahren

Bei der Gestaltung des eigentlichen Auswahlverfahrens hat der Unternehmer mehrere Möglichkeiten. Er kann zunächst mit Hilfe von Fragebögen weitere Informationen über die interessantesten Kandidaten sammeln. Er kann jedoch auch den persönlichen Kontakt zu den Kandidaten suchen. Das kann durch ein persönliches Vorstellungsgespräch, oder durch die Teilnahme an einem Eignungstest geschehen.
Lädt der Arbeitgeber einen Bewerber zu einem Vorstellungsgespräch oder einem Test ein, so ist er grundsätzlich zur Übernahme der Fahrtkosten der Bewerber verpflichtet. Das gilt für die Anreise mit dem Pkw und der Bahn. Flugkosten werden nur in Ausnahmefällen erstattet. Zu den Fahrtkosten können auch Übernachtungskosten zählen. Dies gilt unabhängig von der Frage, ob eine solche Kostenübernahme im Rahmen der Einladung ausdrücklich zugesagt wurde. Allerdings kann er die Erstattung durch einen Hinweis in der Einladung ausschließen.

Früher war das Vorstellungsgespräch üblich. Daneben besteht auch die Möglichkeit, die Fähigkeiten der Kandidaten im Rahmen eines Assessment Centers oder eines Auswahlseminars zu testen. Dabei geht es insbesondere um Belastbarkeit, Teamfähigkeit und Kommunikation. Diese Tests treten neben das klassische Vorstellungsgespräch, das eher einen Eindruck der Persönlichkeit vermitteln soll. Sämtliche Testverfahren sind nur möglich, wenn der Bewerber sich damit einverstanden erklärt. Der Kandidat kann nicht gezwungen werden. Das gilt insbesondere für graphologische oder medizinische Untersuchungen oder Psychotests. Allerdings führt die Weigerung eines Bewerbers in der Regel zu seiner Nichtberücksichtigung, so dass das Problem eher theoretischer Natur ist.

All diese Möglichkeiten dienen dazu, dass der Arbeitgeber sich ein Bild von den Fähigkeiten und der Persönlichkeit des Bewerbers machen kann, um den besten Kandidaten auswählen zu können. Im Rahmen von klassischen Vorstellungsgesprächen geschieht dies durch Fragen an den Kandidaten, die sowohl in einem Gespräch als auch schriftlich in Fragebögen gestellt werden können. Dabei darf der Arbeitgeber grundsätzlich alle Fragen stellen, die für das Arbeitsverhältnis von Bedeutung sind, und an deren Beantwortung der Arbeitgeber ein berechtigtes, angemessenes und schützenswertes Interesse hat. Er kann daher Fragen zu dem bisherigen beruflichen Werdegang und den Fähigkeiten des Kandidaten stellen. Dabei darf er auch zutreffende Antworten erwarten.
Zugleich hat der Arbeitgeber auch ein Interesse an der Persönlichkeit des Arbeitnehmers. Er möchte wissen, ob der Kandidat zu der Firma passt. Dabei betreffen die Fragen nicht nur die fachliche Eignung und die Zielvorstellungen des

Kandidaten. Zum Teil soll mit Fragen auch die Belastbarkeit des Bewerbers getestet werden. Solche Fragen können die Intimsphäre des Bewerbers verletzen und sind daher unzulässig. Der Arbeitgeber darf also keine Fragen nach dem privaten Lebenswandel insbesondere der Gestaltung der Freizeit, des Sexuallebens und Ähnlichem stellen.
Auf unzulässige Fragen muss der Bewerber nicht antworten. Da aber die Nichtbeantwortung von Fragen mit negativen Konsequenzen verbunden ist, geht die Rechtsprechung so weit, den Kandidaten bei unzulässigen Fragen ein Recht zur Lüge zuzugestehen. Die Bewerber dürfen auf unzulässige Fragen die Unwahrheit sagen. Der Arbeitgeber kann den Arbeitsvertrag dann nicht wegen einer solchen Lüge anfechten.

Ungeachtet der Frage, ob durch eine Frage das Intimleben des Kandidaten betroffen ist, gelten eine Reihe von weiteren Fragen als unzulässig (Vgl. zum Fragerecht Dörner Luczak Wildschütz Handbuch Arbeitsrecht S.223ff)). Dazu gehört insbesondere die Frage nach einer bestehenden Schwangerschaft. Das gilt mittlerweile selbst dann, wenn ein Beschäftigungsverbot für Schwangere besteht, wie beispielsweise im Bereich der Labormedizin und der Luftfahrt. Der Arbeitgeber darf auch nicht nach Verhütungsmitteln oder sexuellen Neigungen fragen.
Auch die Frage nach der Mitgliedschaft in einer Gewerkschaft, Partei oder Religion muss nicht wahrheitsgemäß beantwortet werden. Eine Ausnahme kann hier im Hinblick auf eine Mitgliedschaft bei Scientology bestehen. Wenn eine Vertrauensstellung besetzt werden soll, kann diese Frage ausnahmsweise zulässig sein.
Die Frage nach Vorstrafen ist nur zulässig, wenn sie in einem engen Zusammenhang mit der Tätigkeit steht. Dabei kommen insbesondere Vermögensstraftaten bei verantwortungsvollen Positionen oder Verkehrsstraftaten bei Kraftfahrern in Betracht. Vorstrafen, die nicht in das polizeiliche Führungszeugnis aufgenommen wurden, brauchen nicht erwähnt zu werden.
Die Frage nach einer AIDS-Erkrankung des Arbeitnehmers ist nur zulässig, wenn die Erkrankung eine Auswirkung auf die Leistungsfähigkeit des Bewerbers hat. Nach der HIV-Infektion darf allenfalls gefragt werden, wenn die Gefahr des Blutkontakts besteht. Das wird bisher bei einer Tätigkeit in Heilberufen angenommen, kann aber auch bei Berufskraftfahrern, Floristen und Piloten in Betracht kommen.
Die Frage nach einer Schwerbehinderung ist nach der derzeitigen Rechtsprechung zulässig. Allerdings gibt es Stimmen in der Literatur, die diese Frage nach der Neufassung des § 81 Abs.2 SGB IX für unzulässig halten. Die unwahre Beantwortung der Frage nach der Schwerbehinderteneigenschaft kann zur Anfechtung des Arbeitsvertrages durch den Arbeitgeber berechtigen. Das gilt aber nur, wenn die Tätigkeit durch den Arbeitnehmer nicht ausgeführt werden kann und die Behinderung nicht offensichtlich erkennbar war.

Das Gegenstück zum Fragerecht des Arbeitgebers ist die Offenbarungspflicht des Bewerbers. Sie geht nicht so weit wie das Fragerecht. Der Bewerber ist allerdings verpflichtet, Mitteilungen über Tatsachen zu machen, die der Arbeitgeber nach Treu und Glauben erwarten durfte. Der Kandidat muss daher ungefragt mitteilen, ob er kurz vor dem Antritt einer Haftstrafe steht. Über laufende Verfahren oder Ermittlungsverfahren muss er jedoch keine Angaben machen, da hier nach Art. 6 der Europäischen Menschenrechtskonvention die Unschuldsvermutung gilt.

Er muss auch über eventuell bestehende Wettbewerbsverbote informieren. Eine bevorstehende Kur, die den Arbeitsantritt verhindern könnte, muss der Bewerber ebenfalls angeben. Über Krankheiten muss er jedoch nur Auskunft geben, wenn diese seine Tauglichkeit für die Stelle einschränken würde. Gleiches gilt für eine Schwerbehinderung.
Keine Offenbahrungspflicht besteht im Hinblick auf eine Schwangerschaft oder eine Geschlechtsumwandlung. Letztere kann den Arbeitgeber aber zur späteren Anfechtung des Arbeitsvertrages berechtigen.

cc) Beteiligung des Betriebsrates

Besteht in dem Unternehmen ein Betriebsrat, muss dieser ab einer bestimmten Betriebsgröße an der Planung des Personalbedarfs beteiligt werden. Dies gilt, wenn das Unternehmen mindestens 20 wählbare Mitarbeiter beschäftigt.
Der Betriebsrat kann bei der Ausschreibung der Stelle, bei dem Verfahren zur Auswahl und bei der Einstellung mitwirken.
Zunächst muss der Unternehmer den Betriebsrat über geplante Einstellungen informieren. Das beginnt schon mit der Entscheidung, eine Stelle zu schaffen oder wiederzubesetzen. Der Betriebsrat kann anregen, dass die Stelle zunächst innerbetrieblich ausgeschrieben wird (§93 BetrVG). Das bedeutet aber nur, dass innerhalb desselben Betriebes ausgeschrieben wird, eine Ausschreibung in anderen Unternehmens- oder Konzernteilen ist nicht erforderlich.
Brachte die interne Ausschreibung keinen geeigneten Kandidaten, so kann der Unternehmer die Stelle auch öffentlich ausschreiben. Daran muss der Betriebsrat dann nicht mehr beteiligt werden. Nach der Stellenausschreibung erfolgt die Auswahl der Bewerber. Wenn dabei Personalfragebögen verwendet werden, muss der Betriebsrat daran mitwirken, denn die Verwendung von Personalfragebögen ist gem. § 94 BetrVG zustimmungspflichtig. Personalfragebögen sind dabei alle Formulare, in denen personenbezogene Fragen zusammengestellt sind, und die ein Bewerber beantworten soll, um dem Arbeitgeber ein Bild von seinen Fähigkeiten und seiner Qualifikation zu vermitteln (Vgl. Schaub Handbuch Arbeitsrecht S.2273ff.). Der Betriebsrat muss aber auch zustimmen, wenn die Bewerber zwar nicht selbst einen Fragebogen ausfüllen, sie aber im Rahmen der Personalauswahl dieselben Fragen im Rahmen von Tests oder Gesprächen beantworten sollen.
Auch wenn im Rahmen der Personalauswahl Beurteilungsgrundsätze verwendet werden sollen, muss der Betriebsrat diesen zustimmen. Beurteilungsgrundsätze setzen Maßstäbe zur Bewertung der Effektivität der Arbeit, Sorgfalt der Ausführung, Selbständigkeit und Belastbarkeit eines Arbeitnehmers. Sie können auch zur Bewertung der Teamfähigkeit und Anpassungsfähigkeit eines Mitarbeiters dienen. Beurteilungsgrundsätze können aber auch zur Bewertung von Bewerbern herangezogen werden, beispielsweise wenn deren Auftreten, ihre Auffassungsgabe oder fachliche Eignung schematisch erfasst und bewertet wird. Das kann sowohl im Rahmen eines Vorstellungsgespräches als auch bei sonstigen Testverfahren geschehen. Auch solche Beurteilungsgrundsätze dürfen nur verwendet werden, wenn der Betriebsrat ihnen zugestimmt hat. Werden sie verwendet, ohne dass der Betriebsrat ihnen zugestimmt hat, können sie nicht zur Entscheidungsfindung herangezogen werden.
Die Zustimmung des Betriebsrates hat aber nicht zur Folge, dass alle Fragen auch gestellt werden dürfen. Zwar kann der Betriebsrat die Zustimmung zu unzu-

lässigen Fragen verweigern. Die Rechtsprechung geht jedoch nicht davon aus, dass der Betriebsrat grundsätzlich die Erkenntnisse besitzt, um unzulässige Fragen stets zu erkennen (Schaub Handbuch Arbeitsrecht S.2274).

Ist schließlich die Entscheidung für einen Bewerber gefallen, so muss der Betriebsrat nach § 99 BetrVG zustimmen. Das betrifft sowohl die Einstellung an sich, als auch die Eingruppierung in eine Tarif- oder Gehaltsgruppe.
Er muss die Verweigerung der Zustimmung innerhalb einer Frist von einer Woche erklären. Tut er dies nicht, so gilt die Zustimmung als erteilt (§99 Abs.3 BetrVG). Das bietet den Vorteil, dass man nicht immer auf eine ausdrückliche Zustimmung warten muss. Es ist daher ratsam, den Betriebsrat in einem formalisierten Verfahren zu informieren. Das kann beispielsweise durch die Zusendung einer schriftlichen Mitteilung erfolgen. Sie sollte alle Informationen über die geplante Einstellung, insbesondere Namen und Personalien des Kandidaten sowie die geplante Tätigkeit, Einstellungstermin und Eingruppierung enthalten. Erfolgt darauf keine Reaktion, so kann der Arbeitgeber den Bewerber einstellen.
Der Betriebsrat kann die Zustimmung allerdings unter bestimmten Voraussetzungen verweigern. Das gilt insbesondere, wenn die Maßnahme gegen ein Gesetz, eine Verordnung oder eine Richtlinie nach § 95 BetrVG verstößt, die Ausschreibung im Betrieb nicht erfolgt ist, oder die Besorgnis besteht, dass der gewählte Bewerber den Betriebsfrieden durch gesetzeswidriges Verhalten oder durch grobe Verletzung der in § 75 Abs. 1 BetrVG enthaltenen Grundsätze der Behandlung von Betriebsangehörigen stören wird.
Verweigert der Betriebsrat seine Zustimmung, hat das keine Auswirkungen auf die Wirksamkeit des bereits geschlossenen Arbeitsvertrages. Dieser ist wirksam. Allerdings darf der Arbeitgeber den Bewerber nicht in den Betrieb integrieren. Das bedeutet, dass er den neuen Arbeitgeber nicht an dem vorgesehenen Arbeitsplatz einsetzen darf. Der Arbeitgeber kann aber die verweigerte Zustimmung durch ein arbeitsgerichtliches Urteil ersetzen lassen. Er ist aber auch verpflichtet, an den neuen Arbeitgeber Lohn zu zahlen. Das gilt nach § 615 BGB, obwohl der Arbeitnehmer seine Arbeitsleistung nicht erbringt. Der Arbeitgeber kann allerdings die verweigerte Zustimmung durch das Arbeitsgericht ersetzen lassen.

9.4.2 Regelung des Arbeitsverhältnisses

Nach dem erfolgreichen Ende der Personalauswahl schließt sich der Abschluss des Arbeitsvertrages zwischen Arbeitgeber und zukünftigem Mitarbeiter an. Üblicherweise wird der Vertrag schriftlich geschlossen. Das ist zwar zur Wirksamkeit des Arbeitsverhältnisses nicht erforderlich, aber das Nachweisgesetz verpflichtet den Arbeitgeber, dem Arbeitnehmer einen schriftlichen Nachweis über die vereinbarten Arbeitsbedingungen auszustellen. Das muss binnen eines Monats nach Arbeitsbeginn geschehen.
Der Arbeitsvertrag sollte Regelungen bezüglich der wesentlichen Punkte des Arbeitsverhältnisses beinhalten. Wie bereits dargestellt wurde, haben Tarifverträge und Betriebsvereinbarungen unter Umständen direkte Auswirkungen auf das Arbeitsverhältnis. Zwar bestehen Tarifverträge im Bereich von modernen Dienstleistungsunternehmen meist nur als Firmentarifverträge, die Anwendbarkeit von Tarifverträgen sollte jedoch immer bedacht werden. Es ist beim Bestehen eines Tarifvertrages streng genommen nicht erforderlich, die Regelung nochmals in den

Arbeitsvertrag aufzunehmen. Allerdings sollte dies der Klarheit wegen unbedingt geschehen.
Der Arbeitsvertrag sollte auf jeden Fall eine Tätigkeitsbeschreibung und Regelungen bezüglich Vergütung, Arbeitszeit aber auch Urlaub enthalten. Einzelheiten zu diesen Punkten werden im Folgenden dargestellt. Daneben finden sich auch Anmerkungen zu weiteren Punkten, die in Arbeitsverträgen geregelt werden können. Die hier dargestellten Punkte sollen bei der Abfassung von Arbeitsverträgen nur als Orientierungspunkte dienen. Sie stellen weder das Mindestmaß an Regelungen dar, noch beinhalten sie eine umfassende Regelung sämtlicher in Betracht kommender Punkte. Einige können aber gerade im Bereich der IT-Branche von Bedeutung sein.
Die Situation in den einzelnen Unternehmen kann ein Mehr oder auch ein Weniger an Regelungen erfordern. Das hängt nicht zuletzt davon ab, ob und gegebenenfalls welche Tarifverträge oder Betriebsvereinbarungen bestehen.
Bei der Ausgestaltung des Vertrages sollte man zudem daran denken, dass gerade der Anfang und das Ende eines Vertrages meistens genauer gelesen werden. Es ist daher psychologisch ungünstig, wenn in diesen Passagen Regelungen hinsichtlich der Kündigung oder andere Regeln, die für den Arbeitnehmer ungünstig sind, erscheinen. Hierdurch würde die positive Einstellung zu der neuen Arbeitsstelle nur beeinträchtigt werden.

a) Tätigkeitsbeschreibung

Eine Beschreibung der Tätigkeit sollte in den Arbeitsvertrag aufgenommen werden. Dies empfiehlt sich, da die früher übliche Praxis der Beschreibung als Angestellter nicht dem Erfordernis des Nachweisgesetzes entspricht. Demnach muss eine kurze Charakterisierung der Tätigkeit im Vertrag enthalten sein. Die Aufnahme der Tätigkeitsbeschreibung bietet aber auch den Vorteil, dass das Direktionsrecht, das dem Arbeitgeber nach § 106 Gewerbeordnung zusteht, so genauer ausgestaltet werden kann. Das Direktionsrecht ermöglicht dem Arbeitgeber, die Arbeitsleistung des Arbeitnehmers zu spezifizieren (näher hierzu Dörner Luczak Wildschütz Handbuch Arbeitsrecht S122ff.).
Das Direktionsrecht beinhaltet neben der inhaltlichen Festlegung der Arbeitspflicht auch die Festlegung des Arbeitsorts und der Arbeitszeit. Auch diese sollten in den Arbeitsvertrag aufgenommen werden. Bei der Festlegung des Arbeitsortes sollte der Arbeitgeber auch die Möglichkeit bedenken, den Arbeitnehmer nur an einer Betriebsstelle oder an mehreren einzusetzen.
Zu der Tätigkeitsbeschreibung gehört auch die Regelung der Arbeitszeit. Dabei kann sowohl die Arbeitszeit als solche als auch die Ausgestaltung der Arbeitszeit geregelt werden. So kann eine feste Arbeitszeit festgelegt werden oder ein Gleitzeitmodell bestehen. Die Einzelheiten zu Arbeitszeit und –dauer werden unter c) und d) dargestellt.

b) Vergütung

Der Arbeitsvertrag sollte ebenfalls eine Regelung bezüglich der Vergütung enthalten. Das betrifft zum einen die Höhe des Entgelts, zum anderen auch die Zahlungsweise. Bei der Zahlungsweise sollte man einen Zahlungstermin und die Art der Zahlung aufnehmen. Üblich ist mittlerweile die Zahlung durch Überweisung. Der Termin kann frei festgelegt werden. Allerdings kann der Betriebsrat dabei mitbestimmen.

aa) Lohn und Gehalt

Bei der Festlegung der Vergütung üblicherweise wird der Bruttolohn angegeben. Hiervon führt der Arbeitgeber dann Steuern und Sozialabgaben ab, wobei dies nicht zwingend erforderlich ist. Wenn keine Vergütung vereinbart wurde, schuldet der Arbeitgeber nach § 612 BGB das übliche Entgelt. Allerdings werden beide Seiten ein Interesse daran haben, eine Festlegung zu treffen. Bei der Vereinbarung der Höhe der Vergütung sind die Parteien dabei grundsätzlich frei. Es gibt in Deutschland im Gegensatz zu anderen europäischen Ländern zur Zeit keinen Mindestlohn. Eine Ausnahme hiervon besteht nur im Bereich der Bauunternehmen.
Eine Grenze kann sich allenfalls aus einer Sittenwidrigkeit ergeben. Diese liegt aber nur vor, wenn ein besonders krasses Missverhältnis zwischen dem vereinbarten Lohn und dem üblichen Gehalt besteht. Zudem ist der Arbeitgeber verpflichtet, den Gleichbehandlungsgrundsatz zu beachten. Er darf Arbeitnehmer in vergleichbaren Stellungen nicht unterschiedlich behandeln.

Eine freie Vereinbarung der Vergütung ist auch nicht möglich, wenn eine Tarifbindung besteht. Dann kann nur zugunsten des Arbeitnehmers hiervon abgewichen werden. Bei der Tarifbindung sollte die Tarifklasse in den Vertrag aufgenommen werden. Zudem sollte auch der Nennbetrag der Vergütung im Vertrag stehen. Wenn in dem Unternehmen über den Tariflohn hinaus zusätzliche Zahlungen geleistet werden, so sollten diese Zahlungen einzeln aufgelistet werden. Zudem sollte man einen Vorbehalt aufnehmen, dass entsprechende Zahlungen freiwillig erfolgen und auch wieder eingestellt werden können. Dies hat den Vorteil, dass bei einer Erhöhung des Tariflohns die Mehrzahlung angerechnet werden kann und nicht zusätzlich zu der Erhöhung gezahlt werden muss.

Der Lohn kann auf zwei Arten berechnet werden. Er kann entweder als Zeitlohn oder als Leistungslohn gezahlt werden. Beim Zeitlohn wird entweder ein Stundenlohn oder ein festes Gehalt pro Monat gezahlt. Wird der Lohn nach Stunden berechnet, so kann auch eine Regelung bezüglich der Vergütung von Überstunden getroffen werden. Die Einzelheiten hierzu werden im Rahmen der Arbeitszeit dargestellt.
Beim Leistungslohn wird ein Akkordlohn vereinbart, das heißt, die Vergütung ist vom Erreichen einer gewissen Leistung abhängig. Eine solche Vereinbarung kann auch mit einer Mindestlohnvereinbarung kombiniert werden. Dann erhält der Arbeitnehmer bei Nichterreichen der Leistung ein reduziertes Gehalt.
Im Bereich von Führungskräften wird üblicherweise die Höhe des Gehalts pro Jahr festgelegt. Allerdings erfolgt die Zahlung dann in gleichen Teilen in zwölf oder mehr Raten.
Im Rahmen der Vereinbarung über das Gehalt kann auch festgelegt werden, dass das Gehalt jährlich überprüft oder angepasst wird. Dies betrifft jedoch nur Fälle, für die kein Tarifvertrag besteht. Eine Anpassung ist problemlos, wenn die Bezüge steigen sollen. Eine Erhöhung muss dann nicht zwingend erfolgen. Wenn eine Anpassungsklausel aber auch eine Reduzierung des Gehalts vorsieht, ist zu differenzieren. Wenn der Tarifvertrag eine solche Anpassung vorsieht, ist die

Reduzierung der Bezüge möglich. Ansonsten sind solche Anpassungsklauseln nicht generell möglich, da sie gegen § 308 Nr. 4 BGB verstoßen. Für Führungskräfte kann etwas anderes gelten.
Da ein Anspruch auf Gehaltsanpassung auch aus einer betrieblichen Übung folgen kann, empfiehlt es sich, eine Überprüfungsklausel in den Vertrag selbst aufzunehmen, um Unsicherheiten zu vermeiden.

bb) zusätzliche Leistungen

Neben der Vereinbarung über das eigentliche Gehalt kann der Arbeitsvertrag auch vorsehen, dass weitere Zahlungen erfolgen sollen. Eine solche Zahlung kann als dreizehntes Monatsgehaltes oder als Weihnachts- beziehungsweise Urlaubsgeld erfolgen. Daneben kann der Vertrag auch andere Formen vorsehen, beispielsweise eine Jahressonderzahlung. Der Arbeitgeber hat hierbei die Möglichkeit, mit solchen Zahlungen entweder die Arbeitsleistung des Arbeitnehmers zu honorieren oder die Unternehmenstreue des Mitarbeiters zu belohnen. Es ist dabei im Interesse des Unternehmers, dass solche Zahlungen freiwillig erfolgen, und er sie auch einstellen oder reduzieren kann. Um das zu erreichen, sollte eine entsprechende Regelung unbedingt in den Arbeitsvertrag aufgenommen werden. Zahlt der Arbeitgeber nämlich, ohne dass im Vertrag eine Regelung getroffen wurde, kann hieraus ein Anspruch des Arbeitnehmers auf Zahlung entstehen. Dies geschieht, wenn solche Zahlungen mehrere Jahre lang in vergleichbarer Form erfolgen. Dann kann der Arbeitnehmer auf eine solche Zahlung vertrauen. Des weiteren kann ein solcher Anspruch auch aus Gründen der Gleichbehandlung entstehen.
Wenn im Arbeitsvertrag ein dreizehntes Monatsgehalt vereinbart wird, so soll damit die Arbeitsleistung des Arbeitnehmers mit abgegolten werden. Das dreizehnte Monatsgehalt stellt aus diesem Grund ein Entgelt und keine Gratifikation dar. Daher kann der Arbeitgeber die Zahlung nicht verweigern, wenn der Mitarbeiter zu einem gewissen Zeitpunkt nicht mehr für die Firma tätig war. Andererseits kann das dreizehnte Monatsgehalt gekürzt werden, wenn der Arbeitnehmer seine Arbeitsleistung wegen Fehlzeiten teilweise nicht erbracht hat.
Insoweit besteht ein Unterschied zu Gratifikationen. Darunter fallen Weihnachtsgeld und Urlaubsgeld. Sie sollen die Unternehmenstreue des Mitarbeiters belohnen und einen Anreiz für seine Tätigkeit darstellen. Der Arbeitgeber hat bei solchen Klauseln stets ein Interesse daran, dass diese Zahlungen freiwillig erfolgen, und er die Höhe in Abhängigkeit zum wirtschaftlichen Erfolg des Unternehmens anpassen kann. Daher sollte in den Arbeitsvertrag aufgenommen werden, dass solche Zahlungen freiwillig erfolgen und kein Anspruch hierauf besteht. Ansonsten kann es passieren, dass aufgrund einer langjährigen Übung, die ab einer Zeitspanne von drei Jahren angenommen werden kann, ein Anspruch auf Zahlung dennoch besteht.
Daneben kann der Arbeitgeber die Zahlung einer Gratifikation auch davon abhängig machen, ob der Arbeitnehmer zu einem bestimmten Zeitpunkt noch für das Unternehmen tätig ist. Eine solche Regelung nennt man Stichtagsregelung. Ob sie wirksam ist, wird von der Rechtsprechung nicht immer einheitlich bewertet. Es ist auch ratsam, eine Rückzahlungsverpflichtung aufzunehmen (eingehend hierzu Hümmerich Arbeitsrecht S.456). Diese ist möglich, da die Gratifikation ja gerade die Betriebstreue belohnen soll. Wechselt der Arbeitnehmer jedoch den Arbeitsplatz, so kann dieses Ziel nicht mehr erreicht werden. Da durch eine Rück-

zahlungsklausel das Recht des Arbeitnehmers zur Kündigung aber eingeschränkt werden kann, sind solche Rückzahlungsklauseln nach der Rechtsprechung nur eingeschränkt wirksam. Zum einen müssen sie klar und eindeutig die Verpflichtung zur Rückzahlung regeln. Zum anderen sind sie nur zulässig, wenn der gezahlte Betrag 100 € übersteigt. Wenn dies der Fall ist, so besteht eine Rückzahlungsverpflichtung nur im Rahmen von gewissen zeitlichen Grenzen. Diese zeitliche Grenze orientiert sich an der Höhe der geleisteten Zahlung. Entspricht die Höhe einem Bruttomonatsgehalt so kann sie der Arbeitgeber nicht zurückfordern, wenn der Arbeitnehmer zum Ende März kündigt. Bei sehr hohen Zahlungen kann sich diese Frist auf neun Monate erhöhen.
Daneben kann der Arbeitsvertrag auch weitere Vergütungselemente enthalten, beispielsweise Provisionen oder Zuschläge.

c) Arbeitsdauer

Für die Dauer der Arbeitszeit gelten die Festlegungen des Arbeitszeitgesetzes. Das Arbeitszeitgesetz geht von einer Sechstagewoche und einem Achtstundentag aus. Die wöchentliche Arbeitszeit beträgt nach dem Arbeitszeitgesetz 48 Stunden. Allerdings kann die tägliche Arbeitszeit auf 10 Stunden erhöht werden, wenn ein Ausgleich innerhalb einer gewissen Zeit erfolgt. Zudem muss der Arbeitnehmer bestimmte Ruhephasen und Pausen einhalten. Diese zählen aber bei der Berechnung der acht Stunden ebenso wenig mit wie der Weg zur Arbeit.
Üblicherweise sehen Tarifverträge aber geringere Arbeitszeiten vor. Zudem wird der Samstag entgegen der Festlegung im Arbeitszeitgesetz nicht als normaler Arbeitstag betrachtet. Soweit Tarifverträge geringere Arbeitszeiten vorsehen, hat dies zunächst nur einen Einfluss auf den Ausgleich durch Freizeit oder Auswirkungen auf die Vergütung. Tarifverträge sehen in der Regel vor, dass die regelmäßige Arbeitszeit eine gewisse Zahl von Stunden pro Woche betragen soll. Da diese Festlegung nicht immer mit den Arbeitsabläufen im Unternehmen vereinbart werden kann, insbesondere im Fall der 35 Stunden Woche, erfolgt der Ausgleich dann über Freizeit.

In diesem Zusammenhang stellt sich die Frage, ob der Arbeitgeber auch Arbeitsleistung über den vereinbarten Rahmen hinaus verlangen oder andererseits eine Kürzung der Arbeitszeit anordnen kann.
Im ersten Fall handelt es sich um die Frage der Überstunden. Eine Überstunde liegt vor, wenn der Arbeitnehmer auf Veranlassung des Arbeitgebers länger als vertraglich geschuldet arbeiten soll. Davon zu unterscheiden ist die Frage, ob er verpflichtet werden kann, über den Rahmen des Arbeitszeitgesetzes hinaus zu arbeiten. Dann spricht man von Mehrarbeit. Die Überstunden müssen vom Arbeitgeber angeordnet werden. Arbeitet der Arbeitnehmer länger, ohne dazu aufgefordert worden zu sein, liegt keine Überstunde vor.
Die Verpflichtung zu Überstunden muss vertraglich geregelt sein. Ansonsten ist der Arbeitnehmer nur in Ausnahmefällen verpflichtet, Überstunden zu leisten. Eine entsprechende Regelung kann im Arbeitsvertrag, aber auch in Tarifverträgen oder Betriebsvereinbarungen vereinbart werden.
Die Regelung sollte dann eine gewisse Anzahl von Überstunden vorsehen und zugleich eine festlegen, ob diese durch Freizeit ausgeglichen oder vergütet werden sollen. Dabei kann man entweder den normalen Stundenlohn ansetzen oder einen Zuschlag vereinbaren. Es ist auch möglich, Zuschläge erst ab Erreichen

einer bestimmten Stundenzahl zu zahlen. Problematisch ist eine pauschale Vergütung von Überstunden. Sie liegt vor, wenn der Arbeitsvertrag die Zahlung einer festen Summe für die Leistung einer unbestimmten Zahl von Überstunden vorsieht. Insbesondere nach der Schuldrechtsreform stellt sich die Frage, ob solche Klauseln wirksam sind.
Die Zahl der Überstunden darf jedoch nicht die Grenzen des Arbeitszeitgesetzes überschreiten. Demnach darf die regelmäßige Arbeitszeit am Tag acht Stunden nicht überschreiten. Pausenzeiten zählen dabei nicht mit. Die regelmäßige tägliche Arbeitszeit kann auch auf zehn Stunden am Tag verlängert werden, wenn innerhalb eines halben Jahres ein Ausgleich erfolgt.

Wenn Überstunden geleistet werden sollen, muss der Arbeitgeber das im Vorfeld rechtzeitig ankündigen. Zudem muss er den Betriebsrat daran beteiligen (§ 87 Abs.1 Nr.5 BetrVG). Das gilt zumindest, wenn von der Anordnung von Überstunden die kollektiven Interessen der Arbeitnehmer berührt werden. Werden Überstunden nur für einzelne Mitarbeiter angeordnet, so muss der Betriebsrat nicht mitwirken. Gleiches gilt für die Anordnung von Samstagsarbeit.

Wenn die regelmäßige, vertraglich vereinbarte Arbeitszeit unterschritten werden soll, spricht man von Kurzarbeit. Die Einführung von Kurzarbeit kann der Arbeitgeber nicht einseitig anordnen. Er hätte sonst die Möglichkeit, einseitig den Vertrag zu ändern. Besteht in dem Unternehmen ein Betriebsrat, so muss dieser der Einführung der Kurzarbeit zustimmen. Eine Grundlage für die Einführung von Kurzarbeit kann auch in Tarifverträgen getroffen werden. In Unternehmen ohne Betriebsrat ist die Einführung nur im Rahmen einer Änderungskündigung möglich. Ob bereits im Arbeitsvertrag eine entsprechende Regelung möglich ist, erscheint nach der Schuldrechtsreform sehr zweifelhaft.

d) Arbeitszeiten

Auch der Beginn und das Ende der Arbeitszeit sollten geregelt werden. Grundsätzlich steht dem Arbeitgeber aufgrund seines Direktionsrechts die Entscheidung frei, wie er die Arbeitszeit regeln will. Er kann sich für Schichtarbeit entscheiden, auch gleitende Arbeitszeiten sind möglich. Allerdings wird der Entscheidungsspielraum des Arbeitgebers in bestimmten Fällen eingeschränkt. So kann er ab einer bestimmten Betriebsgröße nur gemeinsam mit dem Betriebsrat entscheiden. Es ist aber auch möglich, dass ein Tarifvertrag bereits Regelungen enthält.

e) Urlaub

In einem Arbeitsverhältnis sollte auch der Urlaub geregelt werden. Gesetzliche Grundlage für den Urlaubsanspruch ist das Bundesurlaubsgesetz. Es setzt den Mindeststandard des Urlaubs fest. Urlaub ist dabei die dem Arbeitnehmer zum Zwecke der Erholung für eine bestimmte Zeit gewährte Befreiung von der Arbeitspflicht, wobei das Entgelt in dieser Zeit weitergezahlt wird. Das Bundesurlaubsgesetz sieht einen Urlaubsanspruch von 24 Tagen pro Jahr vor. Allerdings geht das Bundesurlaubsgesetz wie auch das Arbeitszeitgesetz davon aus, dass der Samstag ein normaler Arbeitstag ist.
Ein höherer Urlaubsanspruch kann aber durch den Tarifvertrag oder durch den Arbeitsvertrag selbst bestimmt werden.

Der Arbeitgeber ist verpflichtet, während der Urlaubszeit das Entgelt weiterzuzahlen. Dabei geht das Gesetz davon aus, dass der durchschnittliche Arbeitsverdienst in den vorangegangenen 13 Wochen zu zahlen ist.
Scharf hier von zu trennen ist die Frage, ob Urlaubsgeld gezahlt wird. Dabei handelt es sich um eine Zahlung, die zusätzlich zum normalen Gehalt gezahlt wird. Ob dies der Fall ist, wurde bereits im Rahmen der Vergütung dargestellt.

f) Probezeit

Der Arbeitsvertrag beinhaltet üblicherweise eine Regelung bezüglich der Probezeit. Dabei steht während der Probezeit beiden Parteien das Recht zu, den Vertrag unter erleichterten Voraussetzungen zu kündigen. § 622 Abs.2 BGB sieht eine Probezeit von 6 Monaten und eine Kündigungsfrist von zwei Wochen vor. Eine Verlängerung der Kündigungsfrist ist aber möglich. Die Probezeit kann dabei eine erleichterte Kündigungsmöglichkeit vorsehen. Wenn es nicht innerhalb der sechs Monate gekündigt wird, läuft es unbefristet weiter. Die andere Möglichkeit besteht darin, das Arbeitsverhältnis zunächst auf sechs Monate zu befristen. Nach Ablauf der Befristung kann dann ein neues unbefristetes Arbeitsverhältnis abgeschlossen werden. Das bietet sich an, wenn man das Risiko einer Schwangerschaft oder Erkrankung ausschließen will. In diesem Fall sollte jedoch ein Kündigungsrecht für beide Seiten in der Probezeit vereinbart werden.

g) Private Internetnutzung

Daneben kann in Arbeitsverträgen auch eine Regelung bezüglich der privaten Nutzung des Internet getroffen werden (Vgl. Ernst NZA 2002,585ff.). Unterbleibt eine solche Regelung, so kann die Nutzung durch Tarifverträge oder Betriebsvereinbarungen gestattet sein. Der Arbeitnehmer darf das Internet auch dann privat nutzen, wenn es in dem Unternehmen eine betriebliche Übung gibt. Ob dazu ausreichend ist, dass die private Nutzung bekannt ist und nicht unterbunden wird, kann nicht eindeutig gesagt werden. Sicherheitshalber sollte eine entsprechende Regelung in dem Arbeitsvertrag aufgenommen werden.
Die private Internetnutzung kann aufgrund verlorener Arbeitszeit zu einem Kostenfaktor für die Firma und zu Risiken durch Viren führen. Daher sollte in dem Arbeitsvertrag eine diesbezügliche Regelung aufgenommen werden. Besteht eine entsprechende Regelung über die private Nutzung, kann ein Verstoß durch den Arbeitnehmer zur Kündigung führen. Dann muss aber der erlaubte Rahmen feststehen.
Der Arbeitgeber hat hierbei zwei Möglichkeiten: Er kann einerseits die private Nutzung grundsätzlich verbieten, wozu er nicht die Zustimmung des Betriebsrates nach § 87 Abs.1 Nr.6 BetrVG benötigt. Er kann aber andererseits auch die private Nutzung zulassen, wobei sich diese Gestattung aber nur auf den vorgegebenen Umfang erstreckt. Man kann beispielsweise die private Nutzung auf die Pausenzeiten beschränken und zusätzlich einen zeitlichen Rahmen vorgeben.

Hat der Arbeitgeber eine Regelung hinsichtlich des Umfangs der privaten Nutzung getroffen, stellt sich die Frage, ob und wie er die Einhaltung überwachen kann. Kontrolleinrichtungen unterliegen der Mitbestimmung des Betriebsrates. Dazu gehören auch die üblicherweise im Internet verwendeten Programme. Daher muss der Betriebsrat einer Kontrolle zustimmen. Hierzu ist nicht erforderlich, dass

solche Kontrollen tatsächlich stattfinden. Bereits die Möglichkeit solcher Kontrollen löst das Mitbestimmungserfordernis aus.
Die Überwachung der Nutzung kann nur erfolgen, wenn sich der Arbeitnehmer hiermit einverstanden erklärt. Das gilt zumindest bei einem Verbot der privaten Nutzung. Allerdings muss dabei beachtet werden, dass das Bundesdatenschutzgesetz (BDSG) hier besondere Anforderungen stellt. § 4a BDSG fordert, dass die Einwilligung schriftlich erfolgt, und ein Hinweis auf den vorgesehenen Zweck der Erhebung und die Folgen einer verweigerten Zustimmung enthalten ist. Diese Hinweise sollten auch in den Arbeitsvertrag aufgenommen werden; hierbei müssen sie auch optisch hervorgehoben werden und den Hinweis in Hinblick auf § 4a BDSG enthalten.
Selbst wenn eine Einwilligung erteilt wurde, ist eine durchgängige Überwachung wegen des Schutzes des Persönlichkeitsrechts nicht zulässig. Die Kontrolle sollte daher nur stichprobenartig erfolgen.

Besteht eine Erlaubnis für die private Nutzung, so muss für die Überwachung auch eine Einwilligung gem. § 4a BDSG vorliegen. Die oben aufgeführten Hinweise gelten auch hier. Zudem muss das Telekommunikationsgesetz (TKG) beachtet werden. Der Arbeitgeber muss bei der Überwachung das Fernmeldegeheimnis einhalten. Das bedeutet, dass er als privat gekennzeichnete Mails nicht lesen darf. Er kann nur die Verbindungsdaten sicherstellen.

Darüber hinaus sollten Klauseln in Arbeitsverträgen den Arbeitnehmer verpflichten, seine Zugangsdaten geheim zu halten und keine Programme auf den Rechner herunterzuladen oder zu kopieren. Auch sollte der Arbeitnehmer zur Verwendung von Virenschutzprogrammen angehalten werden, und das Abrufen, Anbieten oder Verbreiten rechtswidriger Inhalte sollte ausdrücklich verboten werden. Das betrifft vor allem rassistische und pornographische Inhalte.

h) Private Nutzung des Telefons

Auch die private Nutzung des Telefons sollte im Arbeitsvertrag geregelt werden. Man kann das Telefonieren in einem bestimmten Rahmen gestatten. Dabei kann der Arbeitnehmer zur Übernahme der Kosten verpflichtet werden.

i) Betriebsgeheimnisse

Ein weiterer Punkt, der im Arbeitsvertrag geregelt werden sollte, ist die Behandlung von Firmen- und Betriebsgeheimnissen. Das ist vor allem dann von Bedeutung, wenn das Unternehmen einen Vorsprung in einem Bereich des Marktes hat. Dabei bietet es sich an, solche Klauseln ausdrücklich in den Arbeitsvertrag aufzunehmen und sicherzustellen, dass zum einen während der Tätigkeit keine Informationen weitergegeben werden und zum anderen die Geheimhaltung auch nach dem Ende des Arbeitsverhältnisses fortbesteht.
Gegenstand solcher Vereinbarungen können Tatsachen sein, die im Zusammenhang mit einem Geschäftsbetrieb stehen, nur einem eng begrenzten Personenkreis bekannt sind, nicht offenkundig sind, nach dem ausdrücklichen oder erkennbaren Willen des Geschäftsinhabers geheim gehalten werden sollen, und an deren Geheimhaltung der Arbeitgeber ein berechtigtes Interesse hat (Hromadka Maschmann Arbeitsrecht Bd.1 S.120).

Hierbei kann die Klausel exakter festlegen, welche Vorgänge dabei erfasst sind. Dann sollten Geschäftsdaten oder Firmendaten genauer bezeichnet werden. Das dient insbesondere dazu, dem Arbeitnehmer seine Verpflichtung nochmals präzise vor Augen zu führen und die Fortdauer auch über das Ende des Arbeitsvertrages zu erstrecken. An den Schutz von Betriebsgeheimnissen sollte insbesondere dann gedacht werde, wenn das Unternehmen über besonderes technisches Wissen, Computersoftware oder Erfindungen verfügt. Aber auch im Absatz- oder Lieferantenbereich sowie im Rechnungswesen und Personalbereich können Betriebsgeheimnisse vorkommen, die eine besondere Regelung im Arbeitsvertrag ratsam erscheinen lassen.

j) Arbeitnehmererfindungen

Besonderheiten gelten auch im Bereich der Erfindungen von Arbeitnehmern. Grundsätzlich steht dem Arbeitnehmer eine besondere Vergütung für Erfindungen, die er während seiner Dienstzeit gemacht hat und von der der Arbeitgeber profitiert, zu. Allerdings gelten im Bereich von IT und Software Besonderheiten. Zum einen ist unklar, wann eine Erfindung im Bereich von Software und IT vorliegt. Erfindungen müssen grundsätzlich patentfähig sein. Das hat der BGH bei Software lange Zeit nicht angenommen. Mittlerweile hat er diese Haltung aber zum Teil aufgeweicht (zum aktuellen Stand Schaub Arbeitsrecht Handbuch S.1157). Ob ein Anspruch auf Vergütung aus dem Arbeitnehmererfindergesetz vorliegt, ist bei der derzeitigen Rechtssprechung unklar.
Zudem ist der Arbeitgeber grundsätzlich zur Wahrnehmung aller vermögensrechtlichen Befugnisse an dem Programm berechtigt (§69b Urhebergesetz). Allerdings enthält diese Vorschrift keine Vergütungsregel. Eine solche findet sich aber an anderer Stelle im Gesetz. Es ist daher unklar, ob die Zahlung einer Vergütung für Erfindungen im IT Bereich gezahlt werden muss. Zur Sicherheit sollte daher der Arbeitsvertrag eine Klausel enthalten, die dem Arbeitgeber zumindest das Nutzungsrecht zuweist und zugleich die Frage der Vergütung regelt. Die lange Zeit übliche Regelung, nach der die Vergütung durch die Zahlung der Monatsgehälter erfolgen soll, ist bei der neuen Rechtslage nicht mehr möglich.

k) Regelungen über Kündigungsfristen

In den Arbeitsvertrag können auch Regelungen über die Kündigungsfristen aufgenommen werden. Dabei ist es grundsätzlich möglich, Regelungen sowohl für die Arbeitgeber- als auch die Arbeitnehmerkündigung aufzunehmen.
Auf Arbeitnehmerseite ist es möglich, längere Fristen und feste Kündigungstermine zu vereinbaren. Man kann aber Regelungen über die ordentliche Kündigung treffen. Zum einen können die Kündigungsfristen verlängert werden. Die Grenze besteht bei Kündigungen durch den Arbeitnehmer bei 5 ½ Jahren. Neben der Kündigungsfrist können auch Regelungen über den Kündigungstermin getroffen werden. Ähnliche Regelungen können auch für die Kündigung des Arbeitgebers getroffen werden.
Auch kann das ordentliche Kündigungsrecht ausgeschlossen werden. Das gilt sowohl für Arbeitgeber als auch für Arbeitgeber. Davon bleibt das außerordentliche Kündigungsrecht aber unberührt.

Man kann auch im Arbeitsvertrag ordentliche verhaltensbedingte Kündigungsgründe näher bestimmen. Das befreit aber nicht von den weiteren Kündigungsvoraussetzungen.
Bei befristeten Arbeitsverhältnissen kann man das Recht zur ordentlichen Kündigung vereinbaren.

9.4.3 Besonderheiten bei Ausbildungsverhältnissen

Handelt es sich bei dem Arbeitnehmer um einen Auszubildenden, müssen einige Besonderheiten beachtet werden. Die Berufsausbildung wird im Berufsausbildungsgesetz (BBiG) geregelt. Es bestimmt die Ausbildung in allen Berufen, deren Berufsbild mindestens in Teilen durch Verordnungen geregelt wird. Die Berufsausbildung muss daher anerkannt sein. Diese Vorschriften sind zwingend, man kann nicht zum Nachteil des Auszubildenden von ihnen abweichen.
Auch das Ausbildungsverhältnis ist ein Arbeitsverhältnis, so dass das bisher gesagte auch hier gilt. Das Berufsausbildungsgesetz ergänzt diese Regeln. So muss der Auszubildende die wesentlichen Elemente des Ausbildungsverhältnisses schriftlich festhalten. Dieses Schriftstück muss vom Auszubildenden, bei Minderjährigkeit auch von seinen gesetzlichen Vertretern und dem Ausbilder unterschrieben werden (§ 4 BBiG). Auch hier führt die Nichteinhaltung der Schriftform nicht zur Unwirksamkeit des Vertrages. Allerdings begeht der Ausbilder eine Ordnungswidrigkeit, wenn er gegen § 4 BBiG verstößt.
Der Vertrag muss eine Regelung über Art, Gliederung und Ziel der Ausbildung enthalten. Daneben muss auch der Beginn und die Dauer der Ausbildung geregelt werden. Auch Ausbildungsmaßnahmen außerhalb der Ausbildungsstätte müssen aufgenommen werden. Dazu gehören insbesondere Regeln hinsichtlich des Besuchs der Berufsschule.
Der Vertrag muss auch die regelmäßige tägliche Arbeitszeit und die Dauer der Probezeit regeln. Die Probezeit darf nach § 13 BBiG maximal drei Monate andauern. Eine Verlängerung ist nicht möglich. Dazu muss der Vertrag auch Regeln bezüglich des Urlaubs und der Vergütung beinhalten. Die Vergütung muss bei Ausbildungsverhältnissen jährlich ansteigen (§10 BBiG). Sie muss auch angemessen sein. Das bedeutet, dass sie den einschlägigen tarifvertraglichen Vergütungen orientieren soll. Abweichungen sind möglich, allerdings ist die Vergütung nicht mehr angemessen, wenn vom Tarifvertrag um 20 % nach unten abgewichen wird.
Die Kosten der Ausbildung trägt der Ausbilder. Er kann diese Kosten auch nicht durch den Ausbildungsvertrag auf den Auszubildenden abwälzen oder eine Entschädigung für die Ausbildung fordern. Eine solche Regelung verstößt gegen §5 Abs.2 Nr.1 BBiG und ist nichtig. Zu den Kosten der Ausbildung gehören auch die Kosten der Unterkunft und Verpflegung des Auszubildenden, wenn die Ausbildung nicht im Betrieb des Ausbilders erfolgt.
Der Ausbilder muss dem Auszubildenden die Teilnahme am Berufsschulunterricht und den Prüfungen ermöglichen. Dazu muss er den Auszubildenden freistellen (§§ 7, 12 Abs.1 Nr.1 BBiG). Er muss allerdings auch für diese Zeit die Vergütung zahlen.
Das Ausbildungsverhältnis endet mit dem Ablauf der vereinbarten Ausbildungszeit (§14 Abs.1 BBiG). Findet die erfolgreiche Abschlussprüfung früher statt, endet das Ausbildungsverhältnis zu diesem Zeitpunkt. Besteht der Auszubildende die Prü-

fung nicht, so kann er verlangen, dass das Ausbildungsverhältnis verlängert wird (§14 Abs.3 BBiG). Das Ausbildungsverhältnis dauert dann bis zur Wiederholungsprüfung an. Die Verlängerung kann maximal eine Dauer von einem Jahr haben.
Während der Probezeit kann sowohl der Ausbilder als auch der Auszubildende das Arbeitsverhältnis jederzeit kündigen. Die Kündigung muss schriftlich erfolgen, sonst ist sie unwirksam (§15 Abs.3 BBiG). Gründe für die Kündigung müssen nicht angegeben werden.
Nach dem Ende der Probezeit kann der Ausbilder das Arbeitsverhältnis nur außerordentlich kündigen. Er hat kein ordentliches Kündigungsrecht.
Der Auszubildende kann das Arbeitsverhältnis auch nach der Probezeit kündigen. Er hat ebenfalls das Recht zur außerordentlichen Kündigung. Daneben kann er mit einer Frist von vier Wochen kündigen. Das ist aber nur dann möglich, wenn er die Ausbildung aufgeben oder eine andere Ausbildung beginnen möchte (§15 Abs.2 BBiG). In diesem Fall muss er schriftlich kündigen und die Gründe für die Kündigung angeben.

Nach der erfolgreichen Abschlussprüfung endet das Ausbildungsverhältnis. Dem Auszubildenden steht grundsätzlich kein Anspruch auf Weiterbeschäftigung zu. Allerdings können Tarifverträge oder der Ausbildungsvertrag diese Möglichkeit vorsehen. Wird der Auszubildende auch nach dem Abschluss der Ausbildung weiterbeschäftigt, so besteht ein unbefristetes Arbeitsverhältnis (§17 BBiG). Eine andere Regelung muss in den Vertrag aufgenommen werden. Enthält der Vertrag eine Übernahmeregelung, so begründet sie im Zweifel kein neues Arbeitsverhältnis. Der Ausbilder kann sich aber schadensersatzpflichtig machen, wenn er den Auszubildenden trotzdem nicht weiterbeschäftigt.

9.4.4 Befristete Arbeitsverhältnisse

Üblicherweise werden Arbeitsverhältnisse auf unbestimmte Zeit abgeschlossen. Dies entspricht aber nicht immer den Interessen von Arbeitgeber und Arbeitnehmer. Der Arbeitgeber benötigt möglicherweise nur für einen bestimmten Zeitraum Arbeitskräfte. Dann wäre ein unbefristetes Arbeitsverhältnis für ihn ungünstig, da er es unter Umständen nur unter erschwerten Voraussetzungen durch Kündigung beenden kann. Auch der Arbeitnehmer kann ein Interesse daran haben, nur eine bestimmte Zeit für einen Arbeitgeber tätig zu werden. Insbesondere kann sein Lebensplan vorsehen, sich in absehbarer Zeit persönlich oder beruflich zu verändern. Die Parteien eines Arbeitsvertrages haben daher die Möglichkeit, das Arbeitsverhältnis zu befristen. Ein solcher befristeter Arbeitsvertrag liegt vor, wenn ein Arbeitnehmer in einem auf bestimmte Zeit abgeschlossenen Arbeitsverhältnis tätig wird. Dabei kann die Dauer durch eine kalendermäßige Bestimmung festgelegt werden. Sie kann sich auch aus der Art, dem Zweck oder der Beschaffenheit der Arbeitsleistung ergeben.

Die Befristung eines Arbeitsverhältnisses ist nicht unbeschränkt möglich. Durch die Befristung endet das Beschäftigungsverhältnis mit dem Ablauf der Befristung. Der Arbeitnehmer verliert seinen Arbeitsplatz. Wäre das Arbeitsverhältnis nicht befristet gewesen, hätte der Arbeitgeber es nur unter bestimmten Voraussetzungen beenden können. Der Arbeitnehmer hätte sich unter Umständen auf den Kündigungsschutz berufen können. Um diese Umgehung des Kündigungsschut-

zes einzuschränken, regelt das Teilzeit- und Befristungsgesetz die Möglichkeit der Befristung. Eine Ausnahme kann darin bestehen, dass die Befristung nur für sechs Monate erfolgt. Denn in diesem Fall ist der Kündigungsschutz nicht anwendbar. Die Zulässigkeit längerer Befristungen eines Arbeitsverhältnisses ist daher im Teilzeit- und Befristungsgesetz (TzBfG) geregelt.
Eine wirksame Befristung erfordert zunächst, dass der Vertrag schriftlich abgeschlossen wird (§ 14 Abs. 4 TzBfG). Die Schriftform muss aber nur im Hinblick auf die Vereinbarung einer Befristung und deren Dauer vorliegen. Geschieht dies nicht, so ist der Arbeitsvertrag auf unbestimmte Zeit geschlossen.

Grundsätzlich kann ein Arbeitsverhältnis nur beim Vorliegen eines sachlichen Grundes befristet werden. Ohne sachlichen Grund kann eine Befristung nur in bestimmten Fällen erfolgen.

a) Befristungen ohne sachlichen Grund

aa) Befristungen bis zu einer Gesamtdauer von 2 Jahren

Allerdings sieht § 14 Abs. 2TzBfG vor, dass auch ohne sachlichen Grund eine Befristung möglich ist. Dies gilt aber nur, wenn der Arbeitnehmer zuvor niemals bei demselben Arbeitgeber beschäftigt war. War der Arbeitnehmer zuvor bei dem Unternehmen beschäftigt, ist eine Befristung nach § 14 Abs. 2 TzBfG nicht mehr möglich (Vgl. Kliemt in NZA 2001,296ff.). Insoweit sollte man vom Arbeitnehmer eine schriftliche Bestätigung dieser Tatsache verlangen. Das kann entweder im Arbeitsvertrag oder durch eine vorherige schriftliche Mitteilung geschehen. Dies ermöglicht im Notfall die Anfechtung des Arbeitsvertrags.
Die zeitliche Befristung ist dann auch ohne sachlichen Grund bis zu einer Gesamtdauer von zwei Jahren möglich. Das heißt, dass ein neu abzuschließender Arbeitsvertrag auf zwei Jahre hin geschlossen wird. Der Vertrag sollte dann den ausdrücklichen Hinweis enthalten, dass ein befristetes Arbeitsverhältnis vorliegt und auch das Ende der Beschäftigungszeit nennen.
Es ist jedoch auch möglich, eine kürzere Befristung zu vereinbaren und den Vertrag gegebenenfalls zu verlängern. Insgesamt sind drei Verlängerungen möglich. Der Vertrag kann aber nur vor dem Ablauf der Laufzeit verlängert werden. Wird das Arbeitsverhältnis, wenn auch nur für kurze Zeit, unterbrochen, kann es nicht mehr wirksam verlängert werden. Die Gesamtdauer darf jedoch in keinem Fall zwei Jahre überschreiten.
Im Falle einer zeitlichen Befristung sollte auch berücksichtigt werden, dass das ordentliche Kündigungsrecht grundsätzlich ausgeschlossen ist. Das Arbeitsverhältnis kann nur außerordentlich gekündigt werden. Es besteht aber die Möglichkeit, ein ordentliches Kündigungsrecht zu vereinbaren. Manche Tarifverträge sehen ein solches ordentliches Kündigungsrecht auch bei befristeten Arbeitsverträgen vor.

bb) Befristung bei älteren Arbeitnehmern

Die Befristung eines Arbeitsvertrages ist auch ohne sachlichen Grund möglich, wenn der Arbeitnehmer zum Zeitpunkt des Vertragsschlusses das 52. Lebensjahr vollendet hat. Die Altersgrenze lag ursprünglich bei 58 Jahren, wurde aber im Zuge der Hartz-Reformen herabgesetzt. Voraussetzung hierfür ist, dass der Arbeitnehmer zuvor keinen unbefristeten Arbeitsvertrag mit demselben Arbeitgeber geschlossen hatte, und ein enger sachlicher Zusammenhang der Verträge besteht. Dieser Zusammenhang liegt in der Regel vor, wenn der zeitliche Abstand nur sechs Monate beträgt. Es ist also nicht möglich, den älteren Arbeitnehmer durch die Umgestaltung des Arbeitsverhältnisses um seinen Kündigungsschutz zu bringen.

cc) Befristung bei Unternehmensneugründungen

Das Erfordernis des sachlichen Grundes gilt auch nicht, wenn das Unternehmen sich noch in der Gründungsphase befindet. So kann das Unternehmen nach § 14 Abs.2a TzBfG innerhalb der ersten vier Jahre nach der Gründung Arbeitsverträge kalendermäßig auf bis zu vier Jahre befristen. Eine mehrfache Verlängerung innerhalb dieser Zeit ist ebenfalls möglich.

b) Befristung mit sachlichem Grund

Wenn eine längere Dauer vereinbart werden soll, oder der Arbeitnehmer bereits bei demselben Arbeitgeber beschäftigt war, ist eine Befristung nur bei Vorliegen eines sachlichen Grundes möglich. Das Gleiche gilt, wenn das Arbeitsverhältnis öfter als dreimal verlängert werden soll. § 14 Abs.1 nennt einige sachliche Gründe, diese Aufzählung ist aber nicht abschließend.

Ein sachlicher Grund liegt demnach vor, wenn der betriebliche Bedarf an der Arbeitsleistung nur vorübergehend besteht. Dieser Fall betrifft vor allem Saisonbetriebe, bei denen die Arbeiten nur in einer bestimmten Zeit anfallen. Solche Befristungen sind in der Landwirtschaft oder der Tourismusbranche möglich. In anderen Unternehmen kann ebenfalls ein vorübergehender Bedarf vorliegen, allerdings ist dies nur dann gegeben, wenn der Arbeitgeber zum Zeitpunkt des Vertragsschlusses aufgrund von greifbaren Tatsachen mit hinreichender Sicherheit annehmen darf, dass der vorübergehende Arbeitskräftebedarf wieder wegfällt. Bedarfsschwankungen reichen in der Regel nicht aus. Etwas anderes gilt aber, wenn in dem Unternehmen ein Projekt durchgeführt wird. Dann ist zumindest abzusehen, dass mit dem Abschluss des Projekts der Arbeitskräftebedarf wieder wegfällt. In solchen Fällen ist eine Befristung der Arbeitsverträge möglich.

Ein sachlicher Grund ist auch gegeben, wenn das befristete Arbeitsverhältnis im Anschluss an eine Ausbildung oder ein Studium erfolgt, und dem Arbeitnehmer dadurch der Berufsstart erleichtert werden soll. Dadurch besteht die Möglichkeit einer Befristung, auch wenn der Arbeitnehmer zuvor als Auszubildender oder Werkstudent für ein Unternehmen tätig war.

Eine Befristung ist ebenso möglich, wenn der Arbeitnehmer die Vertretung eines Kollegen übernehmen soll. Grund für die Vertretung kann dabei Urlaub, Sabbatical, Krankheit oder Schwangerschaft sein. In diesem Fall sollte der Arbeitsvertrag den jeweiligen Zweck jedoch ausdrücklich aufnehmen. Zwar besteht grundsätzlich keine Verpflichtung, den Zweck der Befristung in den Vertrag aufzunehmen, allerdings bietet sich dies gerade im Falle einer Vertretung an. Bestimmt man nämlich nur, dass das Arbeitsverhältnis mit der Rückkehr des Vertretenen enden soll, so liegt keine Regelung für den Fall vor, dass dieser nicht

mehr zurückkehrt oder ausscheidet. Um diese Unsicherheit auszuräumen, kann man eine weitere zeitliche Grenze setzen. Der Vertrag sollte dann neben dem Hinweis auf den Einsatz als Vertretung eine Mindest- und Höchstdauer enthalten.
Eine Befristung ist auch möglich, wenn die Eigenart der Arbeitsleistung die Befristung rechtfertigt. Das betrifft vor allem Verträge im künstlerischen und sportlichen Bereich, beispielsweise bei Orchestern. Dort besteht meist ein Interesse des Arbeitgebers, das Ensemble verändern zu können. Diese Regelung soll aber auch für Angestellte in Presse und Rundfunk gelten, wenn sie mit der Gestaltung des Programms befasst sind.

Ein sachlicher Grund liegt ebenfalls dann vor, wenn die Befristung zur Erprobung des Mitarbeiters erfolgen soll. Das gilt jedoch nur, wenn der Arbeitgeber dem Arbeitnehmer ein unbefristetes Arbeitsverhältnis anbieten und sich vorab von seiner Eignung überzeugen will. Kennt er die Fähigkeiten des Arbeitnehmers allerdings aufgrund einer früheren Tätigkeit, so liegt kein Befristungsgrund vor.
Das Arbeitsverhältnis kann befristet werden, wenn Gründe in der Person des Arbeitnehmers dafür sprechen. Das können persönliche Gründe des Arbeitnehmers sein, der nur eine befristete Tätigkeit wünscht. Ein solcher Grund liegt aber auch vor, wenn für die angestrebte Tätigkeit eine behördliche Erlaubnis erforderlich ist und diese nur befristet erteilt wird.
Eine Befristung ist ebenfalls möglich, wenn der Arbeitnehmer aus Haushaltsmitteln vergütet wird. Diese Konstellation betrifft vornehmlich staatliche Stellen als Arbeitgeber. Die Mittel müssen dabei haushaltsrechtlich für befristete Beschäftigungen eingestellt werden.
Schließlich ist die Befristung noch zulässig, wenn sie auf einem gerichtlichen Vergleich beruht. Hintergedanke ist dabei, dass bei einem gerichtlichen Vergleich die Umgehung des gesetzlichen Kündigungsschutzes nicht in Betracht kommt.

c) Ende des Arbeitsverhältnisses bei einer Befristung

Bei einer wirksamen Befristung endet das Arbeitsverhältnis mit dem Ablauf der Zeitspanne oder mit dem Erreichen des Zwecks. Bei einer kalendarischen Bestimmung endet das Arbeitsverhältnis mit dem Ablauf des Datums. Sicherheitshalber sollte der Arbeitgeber das Ende im Vorfeld nochmals schriftlich anzeigen und eine entsprechende Regelung in den Vertrag aufnehmen.
Soll das Arbeitsverhältnis mit dem Erreichen eines Zwecks enden, gilt eine Besonderheit. Der Arbeitgeber muss dem Arbeitnehmer den Zeitpunkt der Zweckerreichung schriftlich anzeigen. Das Arbeitsverhältnis endet aber frühestens zwei Wochen nach Zugang dieser Anzeige. War der Zweck der Befristung die Vertretung eines anderen Arbeitnehmers, so sollte dessen Rückkehr dem Vertreter rechtzeitig schriftlich angezeigt werden.
Wird das Arbeitsverhältnis nach dem vorgesehenen Ende fortgesetzt, so gilt es als auf unbestimmte Zeit abgeschlossen. Der Arbeitgeber kann dies aber verhindern, indem er der Fortsetzung schriftlich widerspricht.

d) Folgen einer unwirksamen Befristung

Wenn die Befristung nicht wirksam ist, sei es wegen des Fehlens eines wichtigen Grundes oder wegen einer vorherigen Beschäftigung bei demselben Arbeitgeber, so gilt der Arbeitsvertrag als auf unbestimmte Zeit geschlossen. Der Arbeitgeber

kann ihn erst nach Ablauf der Befristung ordentlich kündigen. Der Arbeitgeber kann nur dann früher ordentlich kündigen, wenn die Befristung wegen fehlender Schriftform unwirksam ist.
Hält der Arbeitnehmer die Befristung für unwirksam, so kann er innerhalb von drei Wochen nach dem beabsichtigten Ende des Arbeitsverhältnisses das Arbeitsgericht anrufen. Dort kann dann festgestellt werden, dass das Arbeitsverhältnis nicht aufgrund der Befristung beendet wurde. Diese Regelung befindet sich nun in § 17 TzBfG. Erhebt der Arbeitnehmer nicht innerhalb dieser Frist Klage vor dem Arbeitsgericht, so kann er sich nicht mehr auf diese Mängel berufen. Die Befristungsvereinbarung wird dann als wirksam behandelt. Der Arbeitnehmer kann allerdings im Falle der unverschuldeten Versäumung der Frist noch nach § 5 KSchG Klage einreichen.

10 Abkürzungsverzeichnis

Abb.	Abbildung
Abs.	Absatz
AL	Abteilungsleiter
Bd.	Band
BetrVG	Betriebsverfassungsgesetz
BGB	Bürgerliches Gesetzbuch
bzw.	beziehungsweise
DAX	Deutscher Aktienindex
d.h.	das heißt
DVD	Digital Video Disk
e-Bewerbung	elektronische Bewerbung
EDV	Elektronische Datenverarbeitung
etc.	et cetera
f. / ff.	folgende / fortfolgende
F+E	Forschung und Entwicklung
ggf.	gegebenenfalls
HR	Human Resource
HRM	Human Resource Management
IBM	„International Business Machine", Computerunternehmen
I.d.R.	in der Regel
IHK	Industrie- und Handelskammer
inkl.	inklusive
IT	Informationstechnik
MA	Mitarbeiter
MDAX	Mid Cap DAX
No.	Number
Nr.	Nummer
o.ä.	oder ähnliches
PC	Personal Computer
PKW	Personenkraftwagen
S.	Seite
s.	siehe
SAP	SAP AG, Softwareunternehmen
SGB	Sozialgesetzbuch
u.a.	und andere
US	United States
usw.	und so weiter
vgl.	Vergleiche
Vol.	Volume
vs.	versus
ZAV	Zentrale Arbeitsvermittlung für Fach- und Führungskräfte
z.B.	zum Beispiel
z.T.	zum Teil

11 Abbildungsverzeichnis

Abb. 1:	Der Auswahlprozess sollte durch drei Analysen und Bewertungen bestimmt werden	11
Abb. 2:	Je mehr relevante Informationen, desto besser, um die passende Person zur Position zu finden	12
Abb. 3:	Warum ist es wichtig überdurchschnittliche Mitarbeiter auszuwählen	13
Abb. 4:	Schrittweise Ableitung der Personalmanagement-Ziele und der Anforderungen an die Mitarbeiter der Zukunft	14
Abb. 5:	Vom Zukunftsszenario zur strategischen Planung der Personalressourcen	15
Abb. 6:	Bedeutung der Personalplanung	16
Abb. 7:	Teilfunktionen der Personalplanung	17
Abb. 8:	Personalmanagement als integraler Bestandteil des Unternehme	18
Abb. 9:	Unternehmensleitbild – Unternehmensspezifische Anforderungsfelder	19
Abb. 10:	Phasen der Planung	20
Abb. 11:	Hauptaufgaben der Personalplanung	21
Abb. 12:	Quantitative Personalplanung	22
Abb. 13:	Hilfsmittel und quantitative Voraussetzungen zur Ermittlung des Personalbedarfs	23
Abb. 14:	Vergleich von unterschiedlichen Anforderungsprofilarten	25
Abb. 15:	Festlegung des Anforderungsprofils	26
Abb. 16:	Mögliches Soll-Profi	27
Abb. 17:	Vorgehensweise bei der Methode der kritischen Ereignisse	29
Abb. 18:	Vorteile der Personalplanung aus Unternehmens- und Mitarbeitersicht	31
Abb. 19:	Analyse des vorgesehenen Tätigkeitsbereichs	35
Abb. 20:	Die Anforderungsermittlung in mehreren Schritten	38
Abb. 21:	Beispiel „Situationssammlung“	39
Abb. 22:	Beispiel für das Situationstagebuch	39
Abb. 23:	Von der Situation zur Situationsklasse	40
Abb. 24:	Situationsklassen = Kernanforderungen	41
Abb. 25:	Wertschöpfende Leistungen des Human Resource Management	43
Abb. 26:	Strategisches Kompetenzmodell – Personalentwicklung schafft integriertes Kompetenzmanagement	46
Abb. 27:	Klassische Quellen der Kompetenzerhebung	47
Abb. 28:	Weitere Gründe aus Kundensicht für Personalberater oder Headhunting	53
Abb. 29:	Die Bedeutung der Medien	55
Abb. 30:	Aussagekraft von Bewerbungsunterlagen	58
Abb. 31:	Leitfaden zur Analyse von Bewerbungsunterlagen	59
Abb. 32:	Anforderungskriterien an das Auswahlverfahren	62
Abb. 33:	Überblick über die Auswahlverfahren	62
Abb. 34:	Fragentypologien	67
Abb. 35:	Ablaufphasen eines Vorstellungsgesprächs	69
Abb. 36:	Verfahren zur Personalauswahl und Potentialanalyse	70

Abb. 37:	Verfahren zur Personalauswahl und Potentialanalyse (2)	71
Abb. 38:	Merkmale des Assessment-Center	77
Abb. 39:	Funktionen der Simulation im Assessment-Center	78
Abb. 40:	Die Einsatzbereiche des Assessment-Centers	79
Abb. 41:	Diagnosematrix am Beispiel eines Assessment Center	80
Abb. 42:	Vorteile des Assessment-Center	81
Abb. 43:	Beobachtungsauftrag Teamfähigkeit	82
Abb. 44:	Ablauf des Assessment-Centers	83
Abb. 45:	Je mehr relevante Informationen, desto besser, um die passende Person zur Position zu finden	84
Abb. 46:	Warum nutzen die Unternehmen „The Profile“	87
Abb. 47:	Auszug Eignungsbericht: Verhaltensmerkmale	88
Abb. 48:	Auszug Eignungsbericht: Berufsinteresse	88
Abb. 49:	Auszug Eignungsbericht: Denkmuster	89
Abb. 50:	Eignungsbericht Verhaltensmerkmale (Auszug)	90
Abb. 51:	Beispiel: Graphische Kurzdarstellung der wesentlichen PP Ergebnisse	92
Abb. 52:	Das Team-Management-Rad	95
Abb. 53:	Das Linking Skills Modell	96
Abb. 54:	Ursachen für die geringe Treffsicherheit klassischer Auswahlgesprächen	97
Abb. 55:	Die sieben Phasen des multimodalen Interviews nach Schuler	98
Abb. 56:	Die drei Ebenen der Wahrnehmung	104
Abb. 57:	Die drei Ebenen der Wahrnehmung in Interaktion	106
Abb. 58:	Die Beobachtungsfehler	107

12 Literatur

Banken + Partner: Profiling: Die Personalauswahl optimieren; 4/2005; 14-15.

Becker, Birgit; Staufenbiel. Thomas: Development of a videotape-based instrument to measure Social Perception as a component of Social Intelligence; Vortrag auf dem 11. Europäischen Kongress zu Arbeit und Organisations- Psychologie; Lissabon; 15.05.2003.

Dietl, Stefan; Speck, Peter: Strategisches Ausbildungsmanagement. Berufsausbildung als Wertschöpfungsprozess; I.H. Sauer-Verlag GmbH; Heidelberg 2003.

Dörner, Klemens; Luczak, Stefan; Wildschütz Martin: Handbuch Arbeitsrecht; 4.Auflage 2004.

Ernst, Dr. Stefan: Der Arbeitnehmer und das Internet, in: Neue Zeitschrift für Arbeitsrecht 2002; S. 585ff.

Erpenbeck, John/ von Rosenstiel, Lutz von (Hg.): Handbuch Kompetenzmessung; Schäffer Pöschel Verlag; Stuttgart 2003.

Frohmann, Armin: Traumprinz gesucht. Profiling; Acquisa 8/2003; 14-15.

Gay, Friedbert: DISG-Persönlichkeits-Profil: Verhalten in konkreten Situationen, in: Erpenbeck / von Rosenstiel; 2003; 505-518.

Gay, Friedbert: Das DISG Persönlichkeits-Profil; Gabal Verlag 2004.

Greenberg, Herbert M; Greenbert, Jeanne: „Job Matching for Better Sales Performance," Harvard Business Review; Vol. 58, No. 5.

Guilford, Yoy Paul: Persönlichkeit: Logik, Methodik und Ergebnisse ihrer quantitativen Erforschung; Verlag Beltz: Weinheim, Basel; 6. Auflage 1974.

Hooffacker, Gabriele; Goldmann, Martin; Mainka, Sven: Internet: Der Reiseführer zur Onlinewelt; Verlag Rowohlt; Reinbek bei Hamburg 1998; S. 106.

Hromadka Wolfgang, Maschmann Frank: Arbeitsrecht I; 3. Auflage 2005; Arbeitsrecht II; 3. Auflage 2004.

Hunter & Hunter: "Validity & utility of Alternative Predictors of Job Performance". Psychological Bulletin; Vol. 96; No. 1; p. 90.

Hümmerich, Klaus: Arbeitsrecht; 5. Auflage 2004.

Kliemt Das neue Befristungsrecht in NZA 2001,296.

Kimmer, Matthias, Neef, Martina: Einsatz von Persönlichkeitstypologien in der deutschen Wirtschaft. Ergebnisse einer empirischen Studie des Instituts für Unternehmensführung an der FH Mannheim 2004.

Müller, Werner R., Widmer, W.:Beziehungsorientierte Arbeitsgestaltung, in: Lattmann, Ch; J. Krulis-Randa (Hrsg.):Die Aufgaben der Personalab teilung in einer sich wandelnden Umwelt; Management-Forum; Hei delberg 1989; S. 85, S. 81.

Schaub Günther: Arbeitsrecht Handbuch 11. Auflage 2005.

Schimmel-Schloo, Martina/ Seiwert, Lothar/ Wagner, Hardy (Hrsg.): PersönlichkeitsModelle; Gabal Verlag 2002.

Schuler, Heinz: Psychologische Personalauswahl; Göttingen 1996, S. 88 ff.

Schuler, Heinz: Ein Kern von Fragen, in: Personalwirtschaft; Nr. 5; 1997; S. 8-12.

Scholz, Christian: Personalmanagement. Informationsorientierte und verhaltenstheoretische Grundlagen; Verlag Franz Vahlen GmbH; 4. verb. Aufl. München 1994.

Thienel, Albert: Teamarbeit im Management. In: Personalführung H. 9; 1996; 727 – 747.

Thienel, Albert: Internetbasiertes Profile Assessment und 360°Feedback für die internationale Personalarbeit. In: Personal.Manager HR International; H.2; 2002.

Thienel, Albert: Webbasierte Assessments, Online-Lernnetzwerke und Change Portale. Internetbasierte Instrumente zur Personal- und Organisationsentwicklung. VDM Verlag; Saarbrücken (vorraussichtlicher Erscheinungstermin 4/2006).

Ulich, Eberhard: Arbeitspsychologie; Verlag Poeschel; Stuttgart 1991.

Wagner, Hartmut: Das Team Management System (TMS). In Schimmel-Schloo / Seiwert / Hardy , 2002, S. 243 – 259.

Watzka, Klaus: Betriebliche Reintegration von Arbeitslosen: Probleme und Maßnahmen zur Problemreduzierung; Verlag Lit; Münster 1989; S. 5.

Wottawa, Heinrich, Thierau, Heike: Lehrbuch Evaluation, Verlag Huber; Bern; Stuttgart; Toronto 1990; S. 144f.

Zimmer, Dieter; Brake, Jörg: Ganzheitliche Personalauswahl :Grundüberlegungen, Instrumente und praktische Hinweise für Führungskräfte; Bayerische Verlagsanstalt, Bamberg 1993.

Zimmer, Dieter; Leist, Marco; Ralf, Zapp: Professionelle Bewerberauswahl – Methoden und Interviewtechniken. Ein Intensivseminar mit Trainingseinheiten. Ifme International Faculty of Management Education; Frankfurt; Köln; Hamburg 1999.

13 Autoren

Ralf-Michael Zapp

Ralf-Michael Zapp ist seit 1997 Gründer und Geschäftsführer der Ralf-Michael Zapp & Partner Management Consulting, Merzig.

Beratungsgebiete:
Personalsuche, -auswahl und Integration von Fach- und Führungskräften. Darüber hinaus Beratung bei Unternehmensentwicklungen insbesondere in Bereich der Konzeption und Umsetzung von Personalmanagementinstrumenten und- strukturen.

Herr Zapp ist außerdem Dozent an mehreren Hochschulen für Personalmanagement und Changemanagement sowie Referent für mehrere internationale Seminaranbieter im Bereich des Personalmanagements. www.zapp-consulting.de

Zuvor war er:
Leiter Human Resources und Mitglied der Geschäftsleitung für Europa bei einem Weltmarktführer im Bereich des Maschinenbau.
Abteilungsleiter und stellvertretender Personaldirektor bei einem Automobilhersteller. Verantwortlich für die Rekrutierungsstrategie und -umsetzung, die Qualifizierungsplanung und -umsetzung, Entwicklung und Einführung von Personalinstrumenten und Standards im Personalmanagement und die Einführung und Umsetzung von unternehmensweiten Projekten
Referent Personalentwicklung bei einer Großsparkasse in Baden-Württemberg und verantwortlich für die Rekrutierungsstrategie und -umsetzung, die Qualifizierungsplanung und -umsetzung, die Entwicklung und Einführung von Personalinstrumenten und Standards im Personalmanagement und die Einführung um Umsetzung von unternehmensweiten Projekten.

Dr. Albert Thienel

Dr. Albert Thienel ist seit 1/2002 Geschäftsführer der Dr. Thienel Consulting GmbH, Personal- und Unternehmensberatung, Düsseldorf.

Beratungsgebiete:
Suche und Auswahl von Führungs- und Fachkräften; Assessments, Human Resources Management, Change Management, Service Management, TQM und Strategieimplementierung. Er ist akkreditierter Team Management System (TMS) und zertifizierter „The Profile" und „Profile Performance Indicator" Berater.

Zuvor war er:
Fünf Jahre Geschäftsführer eines allseits bekannten Markenunternehmens (500 Mio. € Umsatz, 1200 Mitarbeiter) und zuständig für die Bereiche Personal, Controlling, integriertes Qualitätsmanagement, IT & Telekom, Finanz- und Rechnungswesen.
Fünf Jahre Bereichsleiter einer führenden Personalberatung.
Fünf Jahre Projekt- und Bereichsleiter einer High-Tech Unternehmensberatung.

Ulrike Thiel-Zapp

Ulrike Thiel-Zapp ist zugelassene Rechtsanwältin in Merzig mit zivilrechtlichem Tätigkeitsschwerpunkt.

Zuvor war sie:
Nach ihrer Ausbildung zur Notariatsfachangestellten mit sich anschließendem Studium der Rechtswissenschaften, war sie zunächst als angestellte Rechtsanwältin in einer zivilrechtlich ausgerichteten Anwaltskanzlei in Saarbrücken tätig. Daneben unterrichtete sie als Hochschuldozentin im Fach Binnenhandelspolitik/Automobilrecht.

Wolfgang Schillo

Wolfgang Schillo ist seit Februar 1986 als selbständiger Rechtsanwalt in Saarlouis tätig.
Nachdem er die ersten 10 Jahre seine Anwaltstätigkeit in Bürogemeinschaft mit einem Kollegen ausübte, führte er seit Februar 1996 die Kanzlei als Einzelanwalt. Seit Oktober 2005 wird die Kanzlei nunmehr wiederum in Bürogemeinschaft sowie mit einem angestellten Kollegen betrieben.

Die Kanzlei ist hauptsächlich zivilwirtschaftlich ausgerichtet, wobei auch ein Schwerpunkt der anwaltlichen Tätigkeit das Firmenrecht betrifft.

Seit Oktober 2005 lautet der Kanzleiname: Bürogemeinschaft
RAe. Schillo und Büchel